Aus der Vorzeit

von Blankenese

und den benachbarten Ortschaften

Wedel, Dockenhuden, Nienstedten und Flottbek.

Von

Richard Ehrenberg.

Mit Bildern und Karten.

Hamburg
Verlag von Otto Meißner
1897.
Nachdruck im Verlag D. u. K. Kötz, Hamburg 1972

Nachdruck im Verlag D. u. K. Kötz,
Hamburg 1979
Dieser Nachdruck wurde in
500 Exemplaren hergestellt
ISBN 3 920569 02 4

Vorwort.

Dieses kleine Buch ist mein Abschiedsgruß an die schöne Gegend, die mich so manches Jahr hindurch gastlich beherbergt, die mir eine Fülle friedlicher Eindrücke geschenkt, die mir die innere Ruhe gegeben hat, um mitten in der praktischen Berufsarbeit noch umfangreiche wissenschaftliche Arbeiten vollenden zu können. Als Zeichen der Dankbarkeit widme ich ihr das letzte Buch, das ich an der Elbe geschrieben habe. Wenn man ihm, wie ich hoffe, anmerkt, daß mir die Landschaft, die es behandelt, ans Herz gewachsen ist, so wird es auch beitragen, die Bewohner dieser Landschaft, die es lesen, mit Liebe für ihre Heimath zu erfüllen, eins der schönsten Ziele, denen der Geschichtsschreiber nachstreben kann.

Es war nicht meine Absicht, Alles zu sagen, was sich über die Vergangenheit der Gegend von Blankenese berichten läßt; vielmehr hoffe ich, daß ihre Bewohner selbst dieses Buch fortsetzen und ergänzen werden; ich rathe, es vom Buchbinder mit weißem Papier durchschießen zu lassen und auf den leeren Blättern Alles aufzuschreiben, was als Ergänzung aus eigener Kunde oder aus den Erzählungen Anderer berichtenswerth erscheint. Dann wird ein späterer Geschichtsschreiber mehr an solchen persönlichen Materialien benutzen können, als mir verfügbar war. Auch die Archive von Kopenhagen, Schleswig u. s. w. werden dann für die älteren Zeiten wohl noch manches Interessante hergeben können.

Ich habe nur benutzt, was ich ohne allzugroßen Zeitaufwand beschaffen konnte, so Acten des Hamburgischen Staatsarchives, dessen Vorstand, Herr Senatssekretair Dr. Hagedorn, mir mit längst gewohntem Entgegenkommen Alles, was dort an

Material vorhanden war, zur Verfügung stellte, der es ferner gestattete, daß ein Stück von Melchior Lorichs Elbkarte für mein Buch copirt wurde, und der sogar die Freundlichkeit hatte, die Genauigkeit dieser Copie auf dem Archive controliren zu lassen. Zu besonderem Danke bin ich ferner verpflichtet Herrn Landtags-Abgeordneten Wilhelm Volckens in Altona, der aus seiner reichen Sammlung von Bildern der Elbgegend eine ganze Reihe seltener, zum Theil bisher überhaupt noch nicht veröffentlichter Blätter für das Buch zur Vervielfältigung hergab, den Herren Professoren Dr. Justus Brinckmann und Dr. Alfred Lichtwark in Hamburg, welche die Arbeit auf ähnliche Weise unterstützten, Herrn Geheimen Archivrath Dr. Hille in Schleswig, Herrn Landrath Dr. Scheiff in Pinneberg, Herrn Pastor Thun in Nienstedten, Herrn Gemeindevorsteher Sibbert in Blankenese, Herrn Gutsbesitzer Oscar Rücker in Klein-Flottbek, Herrn Cäsar Godeffroy in Groß-Flottbek und noch manchen anderen Herren, durch deren Beistand ich den größten Theil der ungedruckten Materialien erhielt, auf denen die Schrift beruht; ohne ihre thätige Hülfe wäre sie nicht möglich gewesen.

Göttingen, im November 1897.

Richard Ehrenberg.

I. Aus Urzeit und Mittelalter.

Bodengestalt. Das Stück Erde, aus dessen Geschichte ich hier Einiges berichten will, erstreckt sich am Holsteinischen Ufer der Elbe zwischen zweien ihrer kleinsten Nebengewässer, zwischen der „Flotbeke" oder der „Aue" von Flottbek*) und der „Wedeler Aue." Es bildet einen Theil des hohen Randes, der die Geest nach dem Elbthale hin abschließt.

Was wir „Geest" nennen, rechnet die geologische Wissenschaft zum „Diluvium", zu den durch uralte Vereisungen und Ueberfluthungen gebildeten Schichten von Sand, Mergel und den, vorzugsweise in letzterem eingebetteten „Geschieben", d. h. Steinen und Blöcken, welche von dem sich in jenen fernen Zeiten bis tief in unsere Breiten erstreckenden Eismeere der Vorzeit aus Skandinaviens Bergen herbeigetragen und dann, als das Eis sich zurückzog, hier liegen geblieben sind. Die jüngere „Marsch" dagegen gehört bekanntlich zum „Alluvium", ist erst sehr viel später durch Nordsee und Elbe aus feinem Schlick mittels Anschwemmung gebildet worden, zum Theil erst in historischer Zeit und nicht ohne Beihülfe des Menschen.

Noch verhältnißmäßig spät, wenn auch nicht mehr in historischer Zeit, war das ganze jetzige Elbthal bis weit über Hamburg hinauf ein Meerbusen, dann in Folge allmählicher Aufhöhung des Landes ein Mündungsdelta mit zahlreichen, sich oft verändernden Wasserläufen und ebenso oft überschwemmten Inseln. Das sich schließlich bildende feste Marschland wurde seit dem 12. Jahrhundert durch niederländische Einwanderer eingedeicht, und das Gleiche geschah mit den zwischen Norder- und Süderelbe übrig bleibenden Inseln.

Bis zum 16. und 17. Jahrhundert gab es auch längs dem hohen Holsteinischen Geestrande noch ansehnliche Streifen Marschland, die aber allmählich verloren gingen, als die Strömung der Norderelbe unter Beihülfe Hamburger Wasserbauten wesentlich verstärkt und nach dem Holsteinischen Ufer hinübergedrängt wurde.**)

---

*) Dies die jetzige amtliche Schreibung des Namens, die hier durchgeführt werden soll.
**) Näheres vergl. im Anhange am Schlusse dieses Abschnitts.

Seit jener Zeit tritt — abgesehen von einigen kleinen Stücken Vorland — die Geest mit ihrem durch die Moränenbildung der Eiszeit erhöhten Rande von Hamburg (Michaeliskirchspiel) bis Schulau dicht an die Elbe heran, sodaß auf dieser Strecke, vom Flusse aus gesehen, das Nordufer den Anblick eines ziemlich steil ansteigenden Höhenrückens darbietet, während man vom Innern des Landes aus nur an einzelnen Stellen eine wesentliche Erhöhung des Geestrandes wahrnimmt, und die Abdachung nach dieser Seite hin fast durchweg eine ganz allmähliche ist.

Wenn wir die Landschaft hart am Elbufer in der Richtung von Ost nach West durchwandern, so finden wir, daß der hohe Geestrand zunächst bei Teufelsbrücke von einem breiten Thale durchbrochen wird, das ursprünglich jedenfalls von einem starken Wasserlauf gebildet worden ist, jetzt aber nur ein ganz geringes Bächlein, die schon erwähnte Aue von Flottbek, beherbergt. Der Geestrücken tritt dann ein wenig vom Ufer zurück und erhebt sich hinter Teufelsbrücke nur bis etwa 26 m, worauf er abermals von einem Thale, dem „Quellenthale", durchbrochen wird, das trotz seiner geringen Länge noch kräftige Quellen und sogar mehrere Teiche besitzt.

Nun tritt der Geestrücken wieder hart an den Fluß heran und erhebt sich allmählich bis etwa 40 m, welche Höhe in Dockenhuden erreicht wird; hier bildet der ehemalige Mühlbach, der freilich längst verschwunden ist, mit dem noch immer vorhandenen, unterirdisch gespeisten kleinen Mühlteiche einen scharfen, kurzen Einschnitt. Dann aber ändert sich plötzlich die ganze Bodengestaltung.

Von Mühlenberg bis fast nach Wittenbergen, also im Wesentlichen längs der Uferstrecke, die der Gemeinde Blankenese gehört, verschwindet der gleichmäßige Abhang des Geestrandes, und statt dessen erheben sich bis zu 90 m mehr oder weniger gerundete Hügel, umgeben von gewundenen Thälern, die nicht, gleich den anderen Einschnitten, hinten spitz endigen, sondern mit breiter Rundung, auch meist kein Wasser beherbergen, das doch sonst mehrfach den Abhängen entsprudelt.

Kurz vor Wittenbergen hört die lebhafte Bewegung des Terrains wieder auf: ein niedriger, einförmiger Steilhang begleitet die Elbe bis Schulau, wo die Marsch beginnt, während der Geestrand in scharfer Wendung sich vom Flusse abwendet und bei Wedel die Westgrenze unserer Landschaft erreicht.

Die ganze Uferstrecke zerfällt also in drei Abschnitte: 1) in den östlichen bis zu 40 m ansteigenden Randabhang von Teufelsbrücke bis Mühlenberg; 2) in die Hügelgegend von Mühlenberg bis Wittenbergen, bis zu 90 m hoch und 3) in den westlichen Randabhang von Wittenbergen bis Schulau, nur 10—20 m hoch.

Durchschreitet man die Gegend in 1—2 km Entfernung vom Ufer, so sieht man wenig von allen den geschilderten Veränderungen. Nur hinter Blankenese ist noch in über 2 km Entfernung vom Ufer, also ungefähr bis Sülldorf, ein kräftigeres Ansteigen des Geländes bemerkbar, sodaß derjenige Theil der Landschaft, der begrenzt wird im Osten von Mühlenberg, im Norden etwa von der Eisenbahn Blankenese-Sülldorf-Rissen, im Westen ungefähr von einer Linie Rissen-Wittenbergen, eine der

Hochfläche der Geest aufgelagerte Hügellandschaft bildet, deren Ränder namentlich nach Süden (nach der Elbe zu), etwas weniger schon nach Westen und Nordwesten, noch weniger nach Norden und Nordosten durch die Wirkung des Wassers stark zerfressen sind, während der Ostrand die gleichmäßigste Gestalt aufweist. Dieses Hügelland läßt noch die weitere Besonderheit erkennen, daß es größtentheils aus wenig ertragfähigem Sandboden besteht, im Gegensatze zu den westlich und östlich davon belegenen Theilen der Landschaft, die überwiegend mittelguten, aus Lehm und Sand gemischten Boden besitzen.

Alles, was wir an dem Blankeneser Hügellande erkennen können, läßt darauf schließen, daß wir es hier mit Dünen zu thun haben, mit den vereinten Wirkungen des Windes und jenes Meeres, das noch in verhältnißmäßig später Zeit die Gestade unserer Landschaft bespült hat.

Vorgeschichtliche Alterthümer. Soweit wir wissen, ist unsere Landschaft seit Alters her von Germanen bewohnt worden und zwar vom Stamme der Sachsen; ihm gehören vermuthlich die zahllosen Urnengräber an, welche am Rande der Geest sowohl östlich wie westlich der Elbe gefunden worden sind.

In der Gegend zwischen Flottbek und Wedel sind bedeutende Urnenfriedhöfe aufgefunden bei Dockenhuden, Sülldorf und Tinsdal; alle drei liegen grade außerhalb der Ost=, Nord= und Westgrenze des Blankeneser Hügellandes.

In Dockenhuden und zwar im Nordertheile des jetzt Herrn Münchmeyer gehörigen Gartens, sowie in einem nordöstlich daran grenzenden Grundstücke sind seit Jahrzehnten, vermuthlich noch seit viel längerer Zeit, zahlreiche Urnengräber gefunden und noch unvergleichlich mehr (nach Schätzung des Herrn Professor Dr. Rautenberg an tausend) durch Unachtsamkeit zerstört worden. Sie zeigen, ebenso wie die ihrem Inhalte — verbrannten Gebeinen — beigegebenen Gegenstände, hochalterthümliche Formen. Diese „Beigaben" bestanden hauptsächlich aus Gürtelhaken und Schmucknadeln, unter welchen letzteren eine jetzt im Kieler Museum befindliche schöne Broncenadel; daneben wurden in den Urnen noch gefunden: eiserne Ringe, Bruchstücke von einer Sichel, einer Scheere, einem Steinbeile, Broncedrahtspiralen, Perlen von Bernstein, Glas und Thon, kleine Thonschalen, Ohrringe von Bronce und ähnliche Zierrathe.*)

Das Urnenfeld in Sülldorf lag im Süden der Ortschaft; es wird jetzt von der Blankenese=Wedeler Eisenbahn durchschnitten. Hier fanden sich manche Schmuck= und Gefäßformen, die in Dockenhuden nicht vorkommen. Im nördlichen Theile des Sülldorfer Gräberfeldes — vielleicht bildet dieser nördliche Theil einen besonderen Friedhof — hatten auch die Gräber selbst eigenartige Formen, die sich erst wieder in Tinsdal ähnlich wiederholen. Die Urnen waren nämlich nicht allein, wie anderweitig, von einer Steinpackung dicht umschlossen, sondern außerdem auch im weiteren

---

*) Das Hauptverdienst an Auffindung und sachgemäßer Behandlung der Gräber haben die Herren Lehrer Schyth in Dockenhuden und Fuhlendorf in Sülldorf.

Umkreise von viereckigen oder kreisförmigen Steinsetzungen; doch standen die Urnen nie im Mittelpunkt dieser Steinkammern; letztere bestanden aus kleineren Steinen, die aber immer noch so schwer waren, daß ein Mann sie nicht heben konnte. Die Figuren 1a—7 veranschaulichen die verschiedenen Gräberformen.*)

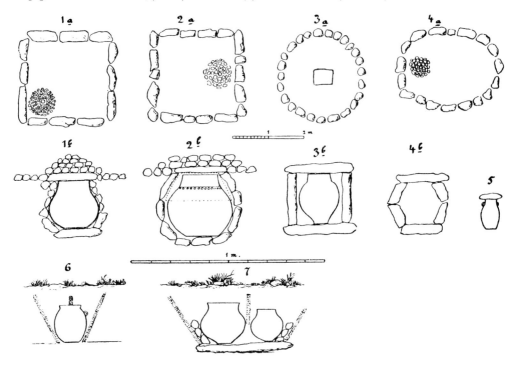

In dem Sülldorfer Friedhofe wurden etwa 400 Gräber aufgedeckt, doch ist wohl zweifellos hier ebenfalls noch eine weit größere Zahl vorhanden gewesen. In unmittelbarer Nähe der Urnengräber lagen drei Steinsetzungen, darunter ein ovaler Steinkreis, in dessen Mitte ein viereckiger Stein mit etwas concaver Oberfläche; auf demselben Holzkohle und Asche. Ein Grab ohne Urne bestand aus einem gepflasterten Rechteck, welches mit großen Steinblöcken umstellt war; auf den Steinen lagen Pferde= knochen. In mehreren Gräbern fanden sich neben der Urne unverkennbar Spuren von Holzstäben, die bis in den Urboden hinunter reichten; ragten diese Stäbe, wie anzunehmen, über die Bodenfläche empor, so mögen sie ein Abzeichen getragen haben, um das Grab kenntlich zu machen.

Die Tinsdaler Gräber lagen auf einem ebenen Haidefeld, das wohl niemals unter'm Pflug gewesen war; es war mit hügelartigen Anschwellungen in der Höhe von ½—1¾ m bei durchschnittlich 4—6 m Durchmesser gleichsam übersäet; außerdem

*) Nach dem Werke von J. Mestorf, Urnenfriedhöfe (Hamburg. Otto Meißner 1886).

wurden noch zahlreiche nicht auf diese Weise kenntliche Flachgräber aufgedeckt, und die Gesammtzahl der bisher untersuchten Gräber beläuft sich auf 255.

Wie Herr Fuhlendorf, der die Ausgrabungen geleitet hat, berichtet, stand in den meisten Hügelgräbern nur eine Urne, in anderen standen deren zwei und mehr. Einige Gräber waren unter der Erde mit kreis-, halbkreisförmigen oder viereckigen Steinsetzungen umzogen. Auch wurden mehrfach Steinreihen beobachtet, die im Zickzack oder in geraden Linien mehrere Urnen mit einander in Verbindung setzten. Auch hier fanden sich Steinsetzungen ohne Urnen und Leichenreste. Was die Beigaben betrifft, so herrschen, wie in Süldorf und Dockenhuden, die Schmucknadeln und Gürtelhaken vor, doch sind auch Fragmente von Gewandspangen („Fibeln") gefunden worden, wie sie ähnlich im Westen der Elbe vorkommen.

Etwas weiter östlich erhebt sich, als einer der letzten westlichen Höhen des Blankeneser Hügellandes, der „Lunsberg", ein Name, der auch sonst vielfach in Niederdeutschland vorkommt, so bei Halberstadt, bei Aachen und bei Neu-Bülstedt am Hannoverschen Geestrande.*)

Es ist nun sehr merkwürdig, daß mindestens drei von diesen „Lunsbergen" (Halberstadt, Tinsdal, Neu-Bülstedt) Gräber und sonstige Reste aus der Vorzeit umschließen. In dem „Lunsberge" bei Tinsdal hat man bisher gefunden: zunächst ein Thongefäß mit Waffenstücken und Schmuckgeräth aus Bronce und Bernstein, ferner ein Urnengrab, einen Grabhügel mit mehreren Gräbern, die ein ganzes Skelet und verbrannte, von Kindern herrührende Gebeine nebst Broncegeräthen, sowie eine noch auf ihrem Fundamente stehende kleine Steinmühle enthielten.

Alle diese Funde lassen mit Sicherheit darauf schließen, daß die hohe Geest unserer Landschaft mindestens theilweise schon frühzeitig, jedenfalls einige Jahrhunderte vor Christi Geburt besiedelt war, und daß die hier ansässige, ohne Zweifel sächsische Bevölkerung, bis zum 6. Jahrhundert n. Chr. ihre Todten verbrannte; sie that das wahrscheinlich noch länger, da noch Karl der Große 785 den Sachsen verbot, ihre Leichen zu verbrennen und nach den Heidenhügeln zu bringen. Die Bevölkerung muß schon einige Kultur besessen haben, die jedoch wohl nicht heranreicht an diejenige der gleichzeitigen westelbischen Bevölkerung, da deren Urnengräber, im Uebrigen den Holsteinischen ähnlich, doch kunstvollere und mannichfaltigere Beigaben enthalten, als sie bisher in unserer Landschaft zu Tage gefördert worden sind.

Der Boden des Geestrandes um Blankenese mag noch manche andere Ueberbleibsel der Urzeit beherbergen, wenn auch Vieles ohne Frage längst vernichtet ist. Ein „Steindenkmal", ähnlich wie es in Dockenhuden ausgegraben ist, hat der Pastor und Dichter Johann Rist in Wedel als damals noch hinter seinem Nordergarten bei

---

*) Vergl. über die „Lunsberge" die von J. Mestorf in der Zeitschr. der Gesellsch. für Schlesw.-Holst. und Lauenb. Geschichte XVII. 213 ff. angegebene Literatur, dazu jetzt Müller-Reimers, Vor- und frühgeschichtl. Alterthümer der Prov. Hannover S. 229, 232.

der Flur, welche die „Wyde" hieß, und zwar oberhalb der Erde vorhanden, beschrieben; ein anderes soll dort in der Nähe noch im vorigen Jahrhundert zu sehen gewesen sein.*) Die werthvollen Steine sind aber als willkommenes Baumaterial verwendet worden.

Das Mittelalter: Der Süllberg. Mehr als acht Jahrhunderte sind verstrichen, seitdem die Höhen, auf denen sich jetzt Blankenese's Häuser an einander drängen, zum ersten Male der Erwähnung in einem Geschichtswerke werth erachtet wurden, und kein Geringerer war es, als Adam von Bremen, der große Historiker des germanischen Nordens, dem wir den frühesten Bericht von diesem Stück Erde verdanken. Im dritten Buche seiner um das Jahr 1075 geschriebenen Hamburgischen Kirchengeschichte spricht Adam von Bremem zweimal vom „Sollonberge."

Zuerst berichtet er uns, Erzbischof Adalbert von Bremen (1045—1072), der mächtige Minister Heinrichs III. und Vormund seines Sohnes Heinrich IV., habe eine Anzahl Propsteien stiften wollen, darunter auch eine auf dem Sollonberge. Später kommt er hierauf ausführlich zurück und wir erfahren jetzt, daß es nicht bei dem Versuche geblieben ist.

---

*) Bolten, histor. Kirchen-Nachrichten, S. 250 ff. Wie mir Herr Dr. Walther mittheilt, soll der von Rist beschriebene Opferstein noch zu Lebzeiten Rist's eingegraben sein, damit das Land unter den Pflug genommen werden konnte. Vielleicht lohnt es sich also, auf dem „Riesenkamp" nahe der „Wyde" Nachgrabungen zu veranstalten. Jedenfalls sollten jetzt alle zufälligen Funde sorgfältig behandelt und ohne Verzug einem Sachverständigen mitgetheilt werden.

Nächst Bremen war Hamburg der wichtigste Platz für Adalbert's weitreichende Pläne, die er namentlich gegen die heidnischen Wenden in Ostholstein wie auch gegen die sächsischen Herzöge aus dem Hause der Billunger in langen Kämpfen durchzusetzen strebte. „Oft hatte er — so berichtet Adam von Bremen — daran gedacht, „die Hammaburger Herrschaft zugleich zu befestigen und zu zieren und ein gegen die „Einfälle der Barbaren dienliches Bauwerk zu unternehmen, an welcher sowohl das „Volk als die Kirche der Nordalbinger eine beständige Schutzwehr haben sollten. „Da nämlich die Provinz der Sturmaren, in der Hammaburg gelegen ist, sich ganz „in die Ebene verliert, so ist an der Seite, wo sie das Gebiet der Slaven berührt, „weder ein Berg noch ein Fluß vorhanden, woher den Einwohnern Schutz kommen „könnte; dagegen kommen hin und wieder Waldungen vor, durch deren Schlupfwinkel „gedeckt, die Feinde oft in unerwarteten Ausfällen plötzlich hervorbrechen und die „Unseren, die sich sicher glauben und an nichts weniger als an dergleichen denken, „entweder erschlagen oder sie — was diesen schwerer fällt als der Tod — als „Gefangene hinwegführen. Nur ein Berg ragt in jener Gegend hervor an der Elbe; „er dehnt sich mit lang hingestrecktem Rücken nach Abend zu aus; die Eingeborenen „nennen ihn Sollonberg. Diesen hielt der Bischof für geeignet, darauf eine feste „Burg anzulegen zum Schutze des Volkes, und sofort befahl er, den Wald, welcher „den Scheitel des Berges bildete, auszuroden und den Platz frei zu machen. So „hatte er also mit vielen Unkosten und mit dem Schweiße gar mancher Menschen „die Erfüllung seines Wunsches erlangt und machte nun den rauhen Berg bewohnbar. „Daselbst gründete er eine Propstei und beabsichtigte eine Vereinigung von Gott „Dienenden dort zu bilden, eine Vereinigung, die aber bald in eine Räuberbande „sich verwandelte, denn von dieser Burg aus begannen etliche von unseren Landsleuten „die Umherwohnenden, welche sie zu schützen bestellt waren, zu plündern und zu ver- „folgen. Deshalb ward der Ort nachher von den sich erhebenden Eingeborenen „zerstört, das Volk der Nordalbingen aber excommunicirt. Ich habe für gewiß „erfahren, daß dies zu Gunsten des Herzogs geschehen sei, der in gewohnter Weise „die glücklichen Unternehmungen der Kirche beneidete, denn auch der Herzog gründete „damals, indem er die alte Veste Hammaburg verließ, eine neue Burg für sich „und die Seinen zwischen dem Elbstrome und dem Flusse, welcher Alster genannt „wird. Demnach bewohnte, da die Herzen und die Wohnsitze Beider getrennt waren, „der Herzog die Neustadt, der Erzbischof aber die Altstadt.“

Dieser Bericht bedarf aufmerksamerer Würdigung, als sie ihm bisher zu Theil geworden ist. Adam von Bremen hat das von ihm hier Geschilderte aus nächster Nähe mit erlebt; er kannte ohne Zweifel die Gegend aus eigener Anschauung; sein Bericht ist daher als so wahrheitsgemäß anzusehen, wie er nur sein konnte. Wenn Adam den „Sollonberg“ als langen, westlich abgedachten Höhenrücken beschrieb, so hatte er dabei offenbar den ganzen Geestrand vor Augen, der sich von Hamburg aus bis hinter Blankenese erstreckt, und von dem der jetzige rundgeformte „Süllberg“ nur einen der höchsten Ausläufer bildet. Noch in viel späterer Zeit kannte man mehrere „Süllberge", ohne daß die Geltung des Namens sich deutlich begrenzen ließe, und erst ganz allmählich ist er ausschließlich dem einen Gipfel verblieben. Daß aber thatsächlich dieser und kein anderer Berg in alten Zeiten mit festen Mauern gekrönt war, zeigt seine Gestalt, welche allein von den umliegenden Höhen den idealen Typus des mittelalterlichen Burgberges aufweist: oben abgeplattet, ringsumher steil ansteigend und nur mit einem Zugange von hinten ausgestattet, der mittels einer Zugbrücke abgesperrt werden konnte.

Größere Schwierigkeiten machte der Zweck, den Adalbert nach Adam's Bericht mit seiner Burggründung verknüpfte: sie sollte Hamburg und das ganze christliche Stormarn schützen gegen die Einfälle der heidnischen Slaven. Nun erstreckten sich aber deren Wohnsitze, abgesehen von vereinzelten, zeitweiligen Besitzergreifungen, nach Westen kaum bis zur oberen Alster. Wenn die Wenden in das christliche Stormarn einfielen, so lag vor ihnen die breite Landschaft zwischen Alster und Pinnau mit Hamburg im Süden; welchen Zweck konnte es haben, wenn Erzbischof Adalbert noch einige Meilen westlich von Hamburg, am äußersten Elbrande der Landschaft eine neue Burg errichtete? Die Höhe der Lage konnte für sich allein schwerlich ausreichen, um die strategische Wichtigkeit des Punktes zu begründen. Man hat daher gemeint, diese sei mehr zum Schutz und Trutz gegen Herzog Bernhard von Sachsen errichtet worden; aber warum baute der Erzbischof sie dann nicht in größerer Nähe von Hamburg, das ja damals noch durch kein Privilegium gegen solche Burgbauten geschützt war? Diese Schwierigkeiten lösen sich am leichtesten, wenn man bedenkt, daß die einzige gute Verbindung zwischen Bremen und Hamburg jedenfalls schon damals in der Gegend, wo jetzt Blankenese liegt, die Elbe kreuzte, wie ich das nachher als durch die Bodengestaltung bedingt erweisen werde. Nehmen wir es einmal als erwiesen an, so ergiebt sich, daß der Süllberg der natürliche Brückenkopf dieser Fährverbindung war, die für Adalbert's gesammten Verkehr an Nachrichten, Truppen u. s. w. zwischen den beiden wichtigsten Plätzen seines Gebietes gar nicht entbehrt werden konnte, weder im Frieden noch im Kriege, mochte dieser nun gegen die Wenden oder gegen den Herzog von Sachsen gerichtet sein.

Die Burg war für den Herzog eine stete Drohung und für den Handel der Hamburger Kaufleute jedenfalls eine schwere Gefahr. Jene Plünderungen der erzbischöflichen Burgmannen, von denen Adam berichtet, werden sich ohne Frage hauptsächlich gegen die zwischen Hamburg und Bremen verkehrenden Kaufleute gerichtet haben, denn bei den sonstigen „Eingeborenen" war schwerlich viel zu holen. Aber wie dem auch sein mag, jedenfalls gelang es den Geschädigten, im Einvernehmen mit dem Herzoge die Burg zu beseitigen, und der Erzbischof, dessen Macht in seiner letzten Lebenszeit schon stark zurückging, vermochte hiergegen nur mit dem Bannstrahle der Kirche zu kämpfen. Im Jahre 1059 bestand aber die Propstei noch, denn wir besitzen eine Urkunde aus diesem Jahre, worin der Erzbischof bestimmt, daß gewisse Einkünfte einer Frau Rikquur und ihres Sohnes Heinrich nach Beider Tode an die Propstei auf dem „Sollemberg" fallen sollen; wir erfahren bei dieser Gelegenheit auch, daß sie dem heiligen Jakob, dem heiligen Secundus und allen heiligen Märtyrern von Theben gewidmet war.

Nach Zerstörung der Burg Adalbert's scheint der Süllberg wieder zwei Jahr= hunderte wüst gelegen zu haben. Aber um das Jahr 1258 sahen sich die Grafen Johann und Gerhard von Holstein, Stormarn und Schauenburg durch „ein dringendes Bedürfniß" veranlaßt (quadam necessitate conpulsi), auf der Höhe, die jetzt schon „Sulleberg" hieß, eine neue Burg zu erbauen. Jenes „dringende Bedürfniß" bestand wahrscheinlich darin, daß der Bremer Erzbischof Gerhard II., der schon 1219 westlich der Elbe die Lehensherrschaft über die Grafschaft Stade wiedererlangt hatte, im Jahre 1257 auch östlich der Elbe, und zwar dicht bei der wichtigen Fähre Einfluß gewann, indem er die Herren von Barmstedt mit ihren Haseldorfer Besitzungen in die Dienstmannschaft der Bremer Kirche aufnahm. Um seinen Machtgelüsten wirksam entgegenzutreten, werden die Holsteinischen Grafen die Burg auf dem Süllberg neu aufgebaut haben.

Dadurch erregten sie aber das Mißtrauen der Hamburger, die sich der üblen Erfahrungen, welche sie mit Adalbert's Burg gemacht hatten, noch erinnert haben werden, und gerade damals eifrig bestrebt waren, sich möglichst selbstständig von der Landesherrschaft zu machen, wobei ihnen die geldbedürftigen Holsteinischen Grafen durch werthvolle Bewilligungen entgegenkamen. Im September und October 1258 hielten diese sich mit großem Gefolge in Hamburg auf, wo sie u. A. am 10. October der Stadt jenes wichtige Privilegium gewährten, dem sie ein ansehnliches Landgebiet und damit auch die Möglichkeit verdankte, in unmittelbarer Nähe ihrer Mauern die Anlage einer Burg wirksamer zu verhindern, als durch das ihr von Kaiser Friedrich I. Barbarossa schon 1189 ertheilte Privilegium, dessen Echtheit überdies neuerdings bestritten worden ist.

Dieses Privilegium besagte, daß innerhalb zweier Meilen von der Stadt keine Burg erbaut werden dürfe. Nun lag die Burg auf dem Süllberge kaum 1¾ Meilen von den damaligen Hamburger Mauern entfernt, weshalb die Hamburger sich gegenüber den Grafen auf Barbarossa's Privilegium hätten berufen können; indeß wird hiervon nichts berichtet, wohl aber besitzen wir eine am 16. October 1258, also nur 6 Tage nach jener wichtigen Landschenkung in Hamburg ausgestellte Urkunde, worin die Grafen erklären, daß den Hamburgern die Errichtung der Burg etwas unbequem (aliquantulum inportuna) erschiene, weshalb sie, die Grafen, versprächen, den Ham= burgern jeden Schaden, der ihnen etwa von der Burg aus zugefügt werden sollte, innerhalb drei Wochen nach erfolgter Anzeige zu ersetzen oder sonst die Burg im gleichen Zeitraume schleifen zu lassen. Nach einer Angabe des Hamburger Chronisten Tratziger soll diese Vereinbarung durch den Bischof Simon von Paderborn, der Grafen Oheim, zu Stande gebracht worden sein; aus der Urkunde selbst geht aber nur hervor, daß der Bischof als Zeuge gegenwärtig war und sein Siegel mit anhängen ließ. Was vollends Lambeccius und nach ihm andere Geschichtschreiber über den ganzen Vorgang zu berichten wissen, findet in dem spärlichen Materiale gar keine Begründung.

Gleich darauf starb Erzbischof Gerhard II. von Bremen und über seine Nach= folge entbrannte ein Streit, bei dem die Holsteinischen Grafen sich für einen anderen Bewerber erklärten, als der erzbischöfliche Dienstmann Otto von Barmstedt auf Haseldorf. Es kam zur Fehde, an der sich Hamburg auf der gräflichen Seite mit zwei Kriegsschiffen betheiligte. Otto von Barmstedt wurde besiegt und mußte den Grafen huldigen. Der Burgbau scheint also seinem Zwecke entsprochen zu haben, doch wird die Burg nur bis zum Jahre 1262 erwähnt, dann muß sie wohl, gleich ihrer Vorgängerin aus Adalbert's Zeit, wieder zerstört worden sein. Jedenfalls schließt damit unsere Kunde von den mittelalterlichen Schicksalen des Süllberges.

Aber wenn auch der Süllberg seitdem unbewehrt blieb, so hielten die Grafen es doch nach wie vor für nöthig, in der Nähe ein festes Schloß zu besitzen. Sie bauten — vielleicht im Jahre 1311, wie Thraciger ohne sonstige Beglaubigung berichtet — jenseit der Hamburger Zweimeilenzone, nämlich etwa 1 km westlich von Wedel in der Marsch, doch dicht am Rande der Geest*) die Hatesburg, die Detlessen wohl mit Recht als „Hassesburg" oder „Streitburg" erklärt, denn sie war muthmaßlich bestimmt, die unruhigen Adelsgeschlechter der Marsch im Zaume zu halten. Die Hamburger sollen sich, trotz der weiteren Entfernung der Hatesburg, auch ihrer Errichtung widersetzt haben und nur durch die Versicherung begütigt worden sein, der Graf werde sie von der Burg aus nicht schädigen, auch nicht in einem etwaigen Streite mit dem Bremer Erzbischof.

Der hartnäckige Widerstand Hamburgs war wohl berechtigt; denn später mußten sich die Kaufleute bitter darüber beschweren, daß die Grafen sie um die Wette mit den benachbarten Adelsgeschlechtern brandschatzten; unter den letzteren werden namentlich die Krummendieks genannt, die nach einer Klage Lübecks aus dem Jahre 1342 kurz zuvor Bürger dieser Stadt bei Blankenese beraubt und einen friedlichen jungen Mann erschlagen hatten.**)

Die Hatesburg war für die Grafen ein wichtiger Punkt. Das geht nicht nur hervor aus ihrem großen Umfang und ihrer festen Bauart, wie wir sie durch Melchior

---

*) So nach Detlessen, Gesch. d. Holst. Elbmarschen I. 218, 271 ff. Vgl. auch Lappen=
berg, Elbf. d. Melch. Lorichs S. 102, über die dem heil. Ansgar gewidmete Capelle auf der Hates=
burg: Bolten, Histor. Kirchen-Nachr. II. 253, 257. Auffällig ist die Lage in der Marsch. Die
Burg lag in der Gemarkung des untergegangenen Ortes „Ghemedeshude". Der ebenfalls unter=
gegangene Ort „Winterhorst" lag, wie eine Flurkarte von 1789 zeigt, etwas weiter südwestlich;
im Jahre 1607 hatte dort der Fährmann von der Lühe seinen Fährprahm liegen. Daran vorbei
ging der „Steenweg" (ein alter Deich), die Verlängerung der Wedeler „Ansgariusstraße"
nach dem „Scharenberge."

**) Lüb. Urk.=Buch II. 702. Vgl. auch Detlessen a. a. O. I. 267.

Lorichs Elbkarte von 1568 kennen, sondern auch aus der Thatsache, daß sie sogleich der Sitz eines besonderen Vogts wurde, der sich später in einen Amtmann verwandelte. Die Burg, auf der die Grafen nicht selten residirten, wurde im dreißigjährigen Kriege zerstört; im Hatesburger Amtsbuche wird sie noch 1627, dann aber nicht mehr erwähnt; gleich dem Schlosse Pinneberg wird sie wohl schon im Herbst desselben Jahres durch Tilly eingenommen worden sein. Seitdem gab es dort nur ein Haus für die Beamten, das erst 1710 abbrannte; jetzt ist kaum die Stelle zu erkennen, wo die Burg gestanden hat.

Blankenese. Die Ortschaft Blankenese wird, und zwar gleichzeitig mit der dortigen Fähre erst 1302 erwähnt; aber diese muß dort oder in der nächsten Nähe schon Jahrhunderte früher bestanden haben. Wie schon Dankwerth um 1650 sehr richtig bemerkt hat, ohne daß anderweit davon Gebrauch gemacht worden zu sein scheint, zeichnet sich die Uferstrecke von Blankenese bis Wedel dadurch aus, daß gegenüber Blankenese die Süderelbe mündet, also nach oben sich die großen, erst spät eingedeichten Elbinseln erstrecken, während unterhalb Wedels gleich die ebenfalls spät eingedeichte Marsch beginnt; allerdings wurde das gerade gegenüberliegende „Alte Land" auch erst im 12. Jahrhundert von holländischen Ansiedlern eingedeicht, doch war es jedenfalls sowohl oberhalb wie unterhalb, zumal bei Eisgang und Hochwasser, sehr viel schwieriger, die Elbe zu kreuzen, als zwischen dem festen Geestrücken und der Estemündung. Ob aber in den ältesten Zeiten grade in Blankenese oder in einem der erheblich früher genannten Nachbarorte Dockenhuden und Wedel die Ueberfahrt stattzufinden pflegte, mag dahingestellt bleiben. Erwähnt wird eine ständige Fähre zuerst in Blankenese.

Im Jahre 1302 nämlich erklärte Graf Adolf von Holstein und Schauenburg, dem Ritter Hermann von Raboyse und seinen Genossen 170 Mark Pfennige schuldig zu sein, und verpfändet hierfür den Ertrag der Fähre in Blankenese in Höhe von 18 Mark jährlich.

Einige Jahrzehnte später war Blankenese jedenfalls schon ein von Hamburg aus vielbesuchter Ort, wie aus den Hamburger Kämmereirechnungen hervorgeht, wo man seit 1350 oft Ausgaben für Reisen nach Blankenese erwähnt findet; insbesondere reisten Rathsherren häufig dorthin, um vornehme Fremde aus dem Westen einzuholen, oder um dort mit den Vertretern von Stade, Buxtehude, Horneburg, dem „Alten Lande" usw. zu verhandeln. Die Bevölkerung des Ortes war indeß damals gewiß eine ganz geringe und bestand nur aus Fischern, wie wir sie Jahrhunderte später wiederfinden werden. Um 1325 (die Jahreszahl ist unsicher) verkaufte Graf Adolf dem Hamburger Bürger Hinrich Ruge u. A. seinen (des Grafen) Antheil an der Störfischerei in der Elbe, „de geheten is Elvetentoch" — so hieß wohl der Fischgrund — bei Wittenberge; von allen Stören, welche die Einwohner von Blankenese und Nienstedten dort fingen, gebührte dem Grafen der fünfte Theil, eine Abgabe, die sich bis in unser Jahrhundert erhalten hat; wenigstens erhielt die dänische Regierung noch 1825, vielleicht noch länger, jährlich 16 Reichsbankthaler Recognition wegen des Störfangs in Blankenese, und im 17. Jahrhundert wird bei der damaligen Abgabe (8 Thaler) erwähnt, sie sei das Aequivalent von 2 Stören, die also ursprünglich in natura geliefert worden waren.

Der erste Blankeneser Fischer, den wir mit Namen kennen lernen, war Arnold Stolte, Johanns Sohn, der 1377 in das Hamburger Fischeramt eintrat, 9 Jahre später that dies sein Dorfgenosse Werner, Elers Sohn. Doch wird die Blankeneser Fischerei bis zum Ende des Mittelalters unbedeutend gewesen sein, wie wir wohl schon daraus schließen dürfen, daß die Hamburger Amtsfischer im 15. Jahrhundert zwar bereits mit Concurrenten in Moorburg, Stade, Burtehude, Grevenhof u. s. w. lebhafte Streitigkeiten hatten, dagegen fast nie mit Blankeneser Fischern. Nur einmal wurden diese ganz nebenbei von den Hamburgern beschuldigt, den Grevenhofern beim Legen ihrer Stintreusen „to dem Blotbeke" geholfen zu haben; auch erklärten die Hamburger ein anderes Mal, der „Ord to Blankenese" sei die Grenze ihrer Fischerei= gerechtigkeit. Aber ernstere Streitigkeiten fielen erst im 16. Jahrhundert vor; wir werden darauf zurückkommen.

Jener „Ord to Blankenese" wird schon 1371 erwähnt, in welchem Jahre sich Hamburger Rathsherren „uppe den Oord tho Blankenese" begaben, um dort Gesandte von Horneburg zu treffen. Wir finden ihn auch noch auf Melchior Lorichs Elbkarte von 1568 als „Blanke Neesser Ordt" wieder; es war eine stark vorspringende Landzunge, die später vom Wasser größtentheils fortgespült worden ist.

Wir wissen ja bereits, daß hier ehemals ansehnliches Marschland vorhanden war, wie denn schon im 15. Jahrhundert mehrfach ganze Wiesen in dem zwischen den „Süllbergen" und der Elbe sich erstreckenden „Blankenbroke" verkauft und verpfändet wurden. Auch sonst wird Blankenese schon im Mittelalter öfters erwähnt, ohne daß wir aber daraus Neues entnehmen können. Das hochgelegene Fährhaus, weiter unten einige Fischerhütten, ganz unten am Strande Wiesenland, die Ewer der Fischer und der Fähre, die nächsten Höhen kahl oder bewaldet, jedenfalls unbewohnt — so wird Blankenese am Ende des Mittelalters ausgesehen haben.

Wedel. Bereits im Jahre 1212 werden in einer Urkunde des Ritters Reiner von Pinnau die Gebrüder Heinrich, Hasso und Reimbern von Wedele erwähnt, die ohne Frage ihren Namen von dem am äußersten Rande der Geest beim Durchbruch eines jetzt nur noch kleinen Wasserlaufes, einer „Aue", belegenen Orte Wedel führten. Manche andere alte Ortschaften von Bedeutung an der unteren Elbe haben eine ähnliche Lage.

Das noch jetzt blühende, vielverzweigte Geschlecht der Grafen und Herren von Wedel leitet seinen Ursprung her von jenen nordalbingischen Rittern dieses Namens, die indeß ihre Güter in und bei Wedel schon 1256 an die Herren von Haseldorf verkauften, von denen sie an das Domkapitel zu Hamburg überlassen wurden; die Gerichtsbarkeit in Wedel, wovon das Geschlecht vermuthlich sein Wappen hat (ein

Richtrad oder „Witrad", wie es schon 1366 als Wappen der Wedel ausdrücklich genannt wurde), blieb damals noch im Besitze der Familie, die jedoch bereits um 1350 in ihrer nordalbingischen Heimath ausstarb.*)

Kurz vor dem oben erwähnten Güterverkauf und nicht ohne Zusammenhang mit ihm (1255) wird der Ort Wedel ausdrücklich zum ersten Male erwähnt, indem nämlich zwei Brüder von Heinbroke erklären, sie hätten das Eigenthum an allen Gütern in Wedel, welche der Ritter Lambert von Wedel von ihnen zu Lehen getragen habe, der Marienkirche zu Hamburg überlassen.

Im Jahre 1314 wird in einem Theilungsvertrage der Holsteinischen Grafen das Kirchspiel Wedel aufgeführt und im gleichen Jahre auch bereits ein dortiger Geistlicher (Alardus rector ecclesie in Wedele) genannt; einer seiner Amtsnachfolger bezog 1347 ein Gehalt von 56 damaligen Mark.

Das ist alles Wesentliche, was wir aus dieser Zeit über die Ortschaft als sicher verbürgt berichten können. Unbeglaubigt, doch nicht unwahrscheinlich ist die Nachricht, die Wedeler Kirche sei 1311 erbaut worden, dagegen ganz haltlos die Kunde von einer angeblich im 11. Jahrhundert durch Erzbischof Adalbert dort begründeten Kirche oder gar die Fabel von einer Entstehung Wedels in der Zeit der Karolinger. Der Roland zu Wedel ist, gleich allen Standbildern dieser Art, zuverlässig erst im späten Mittelalter und zwar, wie wir weiter unten ausführen werden, wahrscheinlich erst in der zweiten Hälfte des 15. Jahrhunderts errichtet worden. Die damit im Zusammenhang stehende Verlegung der Ochsenfähre nach Wedel und die Entwickelung des Ochsenmarktes gehört ihrem ganzen Wesen nach erst zum folgenden Zeitabschnitt, weshalb wir hier noch nicht darauf eingehen, trotzdem die Anfänge schon dem Mittelalter angehören.

Dockenhuden. Spärlich sind auch die mittelalterlichen Nachrichten über die sonstigen Nachbarorte. Sehr alt ist aber jedenfalls Dockenhuden, aus welcher Gemeinde die Hamburger Kirche schon geraume Zeit vor dem Jahre 1219 den Zehnten bezog, der ihm in diesem Jahre durch Erzbischof Gerhard von Bremen und 1220 durch Papst Honorius III. bestätigt wurde.**) Der Hamburgische Domherr Ulrich, welcher 1265 vorkommt, stiftete aus einer Hufe zu Dockenhuden eine Gedächtnißmesse für seine Eltern mit 4 Scheffel Roggen. Im Jahre 1443 war der Hamburgische Rathmann Johann Voß im Besitze eines Hofes zu Dockenhuden mit 2 Hufen, deren eine belegen in der Flur „auf dem Hummersbutle", genannt „de lütke Hufe", die andere auf dem Felde zu Dockenhuden, mit der Wiese belegen in Blankenbroke, und ferner mit 2 Kötersteden, welche sämmtlichen Güter mit anderen zusammen dem Coler Meiner-

---

*) Vergl. über diese Dinge das treffliche Werk Heinrich's von Wedel, Geschichte des schloßgesessenen Geschlechts der Grafen und Herrn von Wedel 1212—1402. Leipzig 1894.

**) Das Nächstfolgende nach Lappenberg, Elbkarte S. 85. Die Flur „Hummelsbüttel" lag nach der Flurkarte von 1788 im Osten der Dockenhudener Feldmark dicht an derjenigen von Nienstedten, oberhalb des „Trindelberges."

storp, Knappen, Amtmann und Vogt zu Pinneberg übertragen, von diesem aber sofort dem Kloster der Dominikaner zu Hamburg wieder verpfändet wurde. Im Jahre 1452 verkaufte Heyne Werneken, ein begüterter Landmann zu Osdorf, an die Vicarie der St. Petrikirche zu Hamburg einen Platz und Hof in Dockenhuden beim Mühlenwege gegen Westen, sowie eine ganze Hufe Ackerland nebst den zu jenem Hofe gehörigen, zerstreut herumliegenden Ländereien. Aus einem Documente vom Jahre 1474 ersieht man auch, daß die Dominikaner zu Hamburg in diesem Dorfe Aecker, Wiesen und Weideland besaßen, für welches sie dem Grafen von Schauenburg jährlich drei Mark entrichteten.

Nienstedten wird als Kirchdorf schon 1297 erwähnt, als Ort, wo Fischerei betrieben wurde, um 1325. In der Belehnungstare des Hamburgischen Domcapitels vom Jahre 1342 ist es mit der hohen Abgabe von 16 ₰ aufgeführt, und der Pfarrer bezog 1347 ein Gehalt von 64 ₰; als solcher wird 1352 ein Ludolfus genannt. Die dortige Kirche besitzt noch jetzt einen Altarkelch mit der Jahreszahl 1420. Im Jahre 1499 verpfändeten die Grafen Otto und Johann ihren Michaelisschatt in Nienstedten (eine Abgabe) an Frau Anna, Wittwe des Hans Pogwisch, Wulfs Sohn, um daraus für vorgestreckte 1500 ₰ Kapital jährlich 60 ₰ zu entnehmen. Die Hamburgischen Domvicarien bezogen aus dem Dorfe zwei Renten von 1 bezw. 5½ Scheffel Roggen.

Klein=Flottbek. Im Jahre 1301 übertrug Graf Adolf von Holstein und Schauenburg dem Hamburger Bürger Hartwig Leo von Erteneburg „zwei Thäler, belegen in den Höhen an der Elbe, zwischen dem Flusse Herwardeshude, der eine Mühle treibt, und dem Flusse Flotbeke, von welchen Thälern das eine heißt Duwels Bomgarde, während das andere nicht weit davon liegt." Diese Schenkung wird 1305 mit denselben Worten wiederholt. Der „Fluß Herwardeshude" war der spätere Hamburg=Altonaer Grenzbach.*) Darüber, wo die beiden Thäler zu suchen sind, kann man streiten.**) Lappenberg hat den „Duwels Bomgarden" mit der heutigen „Teufels=brücke" zusammengebracht, welche aber erst im 17. Jahrhundert erwähnt wird. Er meint ferner, der Name sei wohl von der damals dort befindlichen schauerlichen, dichten Waldung entstanden; indeß damals kann die dortige Waldung schon nicht mehr so dicht gewesen sein, denn die, wie auch der Name „Klein=Flottbek" sagt, wenig umfangreiche Feldmark dieser Ortschaft vermochte bereits vor 1305 den Herren von Wedel, dann dem Kloster Uetersen Getreidezehnten zu steuern.

---

*) Ehrenberg, Altona unter Schauenburger Herrschaft, I, 27.

**) Wenn Lappenberg Recht hätte, müßte man annehmen, daß der „Fluß Flotbeke" damals das heutige Quellenthal durchströmte; aber wo war dann das nahe gelegene zweite Thal? Dr. Walther schlägt vor, den „Duwels Bomgarden" weiter oben und zwar das eine Thal im Donner'schen Parke, das andere im jetzigen Altonaer Stadtparke zu suchen, was übrigens auch nach Lappenberg nicht ausgeschlossen wäre.

Um 1325 (?) bekundet Graf Adolf zu Holstein, daß er dem Hamburger Bürger Hinrik Ruge u. A. verkauft hat eine Hufe Landes, „belegen in unserem Dorfe zu Nedderen Flotbeke, genannt des Vogtes Hofe, welche jetzt der Sohn des Bürgers bebauet." Im Jahre 1345 wird in einer Streitsache zwischen Hamburg und Stade erwähnt, daß mehrere Hamburger aus den Gütern, welche Hinrik Ruge zu Sülldorf und Flottbek besaß, mehrere Jahre lang zu Unrecht Erträge bezogen hätten; Hinrik Ruge wird in dieser letzteren Urkunde auch „Hinrik Blotbeke" genannt.*) Im Jahre 1347 bezog das Hamburger Domkapitel aus Klein=Flottbek als Jahresabgabe 21 Scheffel Roggen. Endlich wurde 1465 von dem Grafen ein freier Hof zu Flottbek an Johann Blawe verliehen; doch ist es fraglich, ob dieser Hof in Groß= oder Klein=Flottbek lag.

Jedenfalls geht aus allen diesen Nachrichten hervor, daß in Klein=Flottbek schon mindestens seit dem 14. Jahrhundert verhältnißmäßig viel Land bebaut wurde. Nur am Westabhange des Thales der Flottbeker Aue hat sich ein zusammenhängendes Stück wirklicher alter Waldung bis zur Gegenwart erhalten. Dort stehen die schönsten Eichen der ganzen Gegend, wahre Riesen ihrer Gattung; auch sonst fehlt es nicht an stattlichen Eichen in unserer Landschaft, die ursprünglich gewiß ganz mit dichtem Walde bedeckt war, erklärte doch schon Adam von Bremen den Namen des Volkes „Holsaten" als „im Holze sitzend", und „Hammaburg" heißt bekanntlich soviel wie „Waldburg"; aber diese Namen sind im frühen Mittelalter entstanden. Selbst damals hatte die Gegend, wie aus den vielen vorgeschichtlichen Gräbern hervorgeht, schon seit Jahrhunderten eine nicht ganz geringe Bevölkerung ernährt, die schwerlich nur Jagd und Fischerei betrieben haben kann. Ohne Zweifel sind in den dunklen Jahrhunderten der Völkerwanderung, der Normannen= und Slaven=Einfälle viele Aecker wieder mit Wald überwachsen, wie denn gerade jene uralten Urnengräber zum Theil schon durch starke Baumwurzeln zerstört worden sind; doch im 14. und 15. Jahrhundert war der Wald vermuthlich seit langer Zeit größtentheils wieder verschwunden.

Anhang zu Abschnitt I.

Landverlust am Ufer von Nienstedten und Blankenese. Für zwei Stellen unserer Landschaft läßt sich mit Sicherheit feststellen, daß dort ehemals am Fuße des hohen Geestrandes ansehnliche Stücke Land vorhanden waren, welche durch die Elbe fortgespült worden sind: in Nienstedten und in Blankenese.

Was zunächst Nienstedten betrifft, so wollen wir kein großes Gewicht legen auf die dort noch verbreitete Sage, daß man in alten Zeiten trockenen Fußes nach Finkenwärder habe gehen können. Die Norderelbe war, wie wir wissen, vor Alters

---

*) Vergl. hier Hasse, Schlesw.=Holst. Regesten und Urkunden III. 577, mit Lübecke Urkunden=Buch II. 781. Ob jene Urkunde bei Hasse nicht später zu datiren ist, mag einstweile dahingestellt bleiben.

allerdings weit unbedeutender und namentlich viel seichter als jetzt; doch vorhanden ist sie in geschichtlicher Zeit stets gewesen. Auch dem kürzlichen Fund einer angeblichen „alten Uferbefestigung" mitten in der Elbe zwischen Nienstedten und der Insel Neßfall kann ich einstweilen nicht viel Bedeutung beimessen. Nach den „Mitth. des Vereins für Hamb. Geschichte" (XII. 479) soll dies, anderweitig stets als „Steinriff" bezeichnete und erst vor einigen Jahren beseitigte Schifffahrts-Hinderniß aus sehr großen Steinen bestanden haben, bearbeitet mit Werkzeugen, die jetzt nicht mehr beim Spalten der Steine gebraucht werden. Unmöglich ist ja eine solche alte Uferbefestigung keineswegs, aber nicht gerade sehr wahrscheinlich; denn wenn das Holsteinische Ufer wirklich so weit reichte, so muß das ausnehmend lange her sein, und ob die Uferbewohner in derart entlegener Zeit schon steinerne Uferbefestigungen von solcher Stärke auszuführen vermochten, ist mir einstweilen recht zweifelhaft.

Mit voller Sicherheit können wir dagegen aus dem ältesten Rechnungsbuche der Nienstedtener Kirche entnehmen, daß diese nebst dem Kirchhofe bis in die Zeit des dreißigjährigen Krieges hinein sich am Fuße des Elbberges befand, und aus den Pinneberger Amtsbüchern ersehen wir ferner, daß dort bis dahin noch andere Häuser vorhanden waren.

Bedrohliche Zeichen des kommenden Verderbens müssen schon früher bemerkt worden sein; denn in den Jahren 1589 und 1590 wurde der Nienstedtener Kirchhof e r h ö h t, 1596 mußte der Thurm besichtigt, gleich darauf gestützt und 1602 erneuert werden. Es folgten zahlreiche andere Reparaturen, 1625 eine neue Besichtigung und größere Reparatur. Als dann aber in den Jahren 1627—1629 unsere Gegend von den Kaiserlichen Kriegsvölkern furchtbar verheert und ausgesogen wurde, vermochte man wohl das Ufer und die Kirche nicht mehr zu sichern. Berichte besitzen wir ja aus dieser schrecklichen Zeit fast gar nicht, und auch die Rechnungsführung der Nienstedtener Kirche wird ganz summarisch; doch kommen einige Posten vor „die Kirche zu bauen"; zwar sind sie für einen Neubau nicht groß genug; aber wer weiß denn, wie kümmerlich die Gemeinde sich zunächst behalf! Auch scheint das Geld zum Theil angeliehen worden und nicht durch das Rechnungsbuch gegangen zu sein. Genug, jedenfalls wurde 1630 von dem „alten Kirchhofe" ein Stück verkauft, und 1636 wird die „neue Kirche" ausdrücklich erwähnt; sie stand nicht mehr am Elbufer, sondern oben, wo sie sich jetzt befindet. Aber noch 1791 berichtet Bolten*), daß ein Theil des ehemaligen Kirchhofes in Justricks Garten an der Elbe zu sehen war, und Lappenberg erzählt 1847, daß in diesem Garten, der damals de la Camp gehörte, einige Jahre zuvor Gebeine und Grabsteine ausgegraben seien; es ist das östlich an Jacobs Wirthschaft angrenzende Grundstück.

Im Jahre 1668 wird Hans Blome's Hof in Nienstedten als seit langer Zeit „in die Elbe gesunken" aufgeführt, ebenso 1685 als „weg getrieben" ein früheres Haus des Pastor Schmidt. Westlich von „Jacobs" mußte noch im Anfange unseres

---

*) Histor. Kirchen-Nachrichten II. 278.

Jahrhunderts ein Haus abgebrochen werden, das den Einsturz drohte, weil das Ufer dort zu weit weggeschwemmt worden war.

In Blankenese hieß das ehemals dort befindliche niedrige Vorland der Blankenbrok. Im Jahre 1443 wurde eine Wiese im Blankenbroke dem Dominicaner= kloster in Hamburg verpfändet, und 1452 überließ Heyne Werneke an die dortigen Vicarien zu St. Petri 4 Stücke Landes im Blankenbroke von den Sülbergen bis zur Elbe zwischen Hermann Zuttorp im Osten und Heyneke Lüdekens im Westen. Ein Hamburgischer Bürger desselben Namens verkaufte 1477 dem Harvestehuder Kloster Wiesen im Blankenbroke, die den Berg zu Blankenese im Norden und die Elbe im Süden haben.

Im Jahre 1612 lieh Ties Breckwoldt an Joachim Breckwoldt, Pauls Sohn, 50 ₰ auf ein Stück Land im Blankenbruch, westlich von dem Lande des Hein Seliger; im Jahre 1622 lieh Ties Breckwoldt ferner an Hein von Appen von Schenefeld 106 ₰ auf ein Stück Wiesenland in Blankenbruche, westlich von Joachim Breckwoldt's Wiesen und östlich von deren Fährstücke, auch zwischen „dem großen Flete" und der Elbe belegen.

Im Jahre 1630 erbte Friedrich Breckwoldt u. a. eine Wiese im Blankenbroke, und 1634 behielt sich Joachim Breckwoldt bei einem Verkaufe seine kleine Wiese im Blankeneser Bruche vor; 1636 kaufte Johann Breckwoldt, Viets Sohn, für 180 ₰ die lange Wiese im Blankenbruche.

Auch in den Contracten der Blankeneser Fährverwalter von 1766 und 1778 findet sich noch die Bestimmung, der Fährpächter dürfe auf dem ganzen Blankenbrok vom 10. Mai an einen Monat lang 4 Stück Pferde oder Kühe weiden lassen, ohne daß in solcher Zeit oder vorher anderes Vieh darauf getrieben werden darf; groß kann das Vorland damals schon nicht mehr gewesen sein; denn bereits 1685 wird berichtet, das Blankeneser Wiesenland trage nur wenige Fuder Heu. Vermuthlich wird die Bestimmung in jenen Contracten nur von früher stehen geblieben sein. Jedenfalls findet sich in dem 1790 angelegten Erdbuche keine Spur mehr von Blankenbroke.

Ueberblickt man diese Belege, erwägt man insbesondere, daß gerade im Jahre 1622, weder vorher noch nachher, von einem „großen Flete" die Rede ist, so gewinnt man den Eindruck, daß auch hier das meiste Land in der ersten Hälfte des 17. Jahrhunderts verloren ging. Indeß hat sich das bis in die neueste Zeit hinein fortgesetzt: oftmals ward über das „Fortspülen der Berge" geklagt, sowie insbesondere über Landverlust am Fuße des „Wahsberges" (des jetzigen „Bismarcksteins"), den die Blankeneser vielfach Hamburger Baggerungen zuschoben, den sie aber auch selbst unwissentlich durch Sandgraben, Torfstechen, Steinbrechen, Ausroden von Baumwurzeln befördert haben. Noch jetzt ist auf dieser Strecke der Strandweg bei Hochwasser gefährdet. Nutzbares Vorland giebt es indeß sonst nur noch weiter unten, dort, wo der Geestrand eingebuchtet ist, bei der Altonaer Wasserkunst, sowie zwischen Tafelberg und Wittenbergen in der Rissener Gemarkung.

2

Der Markt in Wedel mit der Rolands=Säule.
(Nach einer Lithographie von Peter Suhr.)

II. Aus den letzten vier Jahrhunderten.

Vom Roland zu Wedel. Auf dem kleinen Marktplatze des Städtchens Wedel steht ein gewaltiges Steinbild. Der massive Sockel mit dem halbverwischten Wappen der Schauenburger trägt die Statue eines geharnischten Ritters, dessen übergroßer bärtiger Kopf von einer noch ungefügeren Krone überragt wird. In den Händen trägt die Gestalt Schwert und Reichsapfel. Das Ganze ist 10 m hoch, die Figur allein 6 m.

Wohl Mancher hat vor diesem „Roland" sich gefragt, wie der kleine Ort zu der Ehre gelangt ist, eine solche Sehenswürdigkeit aus alter Zeit zu besitzen.

Wer in Niederdeutschland herumgekommen ist, der weiß, daß derartige „Rolande" noch in manchen anderen Städten zu finden sind. Es sind wohl sämmtlich alte Marktorte, in denen man als Zeichen der Marktgerechtigkeit und des Marktfriedens in ältester Zeit Marktkreuze zu errichten pflegte, oft in Verbindung mit anderen Symbolen (Fahne, Schwert, Handschuhe oder eine Hand *) und dergl.). Seit der Mitte des 14. Jahrhunderts traten an die Stelle der Marktkreuze jene Standbilder, die man von dem gewaltigen Recken, den die mittelalterliche Heldensage als den vornehmsten Palladin Karls des Großen besang, „Rolande" nannte.

Als der große Kaiser, so lautet die bekannte Sage, das eroberte Spanien verließ, da blieb dort Roland als sein Statthalter zurück. Eben war Karl abgezogen, da ward Roland von den Heiden im Thal Roncesvalles verrätherisch überfallen. Er verrichtete Wunder der Tapferkeit; doch die Uebermacht war zu groß. In der Todesnoth stößt er in sein Horn Olifant, dessen Schall das Schlachtgetümmel übertönt und den fernen Kaiser herbeiruft; aber schon ist es zu spät, nur rächen kann Kaiser Karl seinen gefallenen Helden.

Solche Lieder waren im Volke weit verbreitet, und Roland gehörte zu den volksthümlichsten Gestalten der Heldensage. So mag es gekommen sein, daß man

---

*) Die Hand ist als Ersatz des königlichen Handschuhes gedeutet worden; ich erinnere aber daran, daß die gewöhnliche Strafe für den Bruch des Marktfriedens das Abhauen der rechten Hand war.

in ihm den Haupthelfer des großen Kaisers erblickte, den das Mittelalter als das Vorbild eines weisen Gesetzgebers und gerechten Richters hoch verehrte, um so mehr, je weiter Gesetzlosigkeit und Ungerechtigkeit um sich griffen.

Inmitten dieser wüsten, zuchtlosen Zeiten waren die Märkte Stätten, in denen strenges Recht galt, und namentlich der Friedebrecher unbarmherzig bestraft wurde. Als warnendes Symbol dieser eisernen Gerechtigkeit errichtete man in den Marktorten das Kreuz und später das Standbild des gewappneten Mannes mit dem Zeichen der rechtwahrenden Herrschergewalt.

Dazu kam noch ein Weiteres: Die Kaufleute, die an den Marktorten zusammenströmten, waren bei ihren Streitigkeiten nicht dem gewöhnlichen Gericht des Landesherrn unterworfen, sondern sie wählten sich selbst ihre Richter, die nach dem Rechte des Kaufmannes in kurzem Verfahren entschieden. Das ist der Anfang des Handelsrechtes und des Handelsgerichtes. Auch für diese galt der „Roland" als Wahrzeichen.

Die „Rolande" sind nicht so alt, wie man früher wohl gemeint hat; doch die Entwickelung, welcher sie ein äußerlich weithin sichtbares Zeichen verliehen, gehört zu den bedeutsamsten Erscheinungen der ganzen mittelalterlichen Geschichte; sie ist eng verknüpft mit dem Erstarken des Bürgerstandes, mit der wachsenden Unabhängigkeit der Städte.

Der Roland zu Wedel ist wahrscheinlich erst in der zweiten Hälfte des 15. Jahrhunderts errichtet worden, als der aufblühende Handel mit dänischen Ochsen seinen Weg über Wedel zu nehmen begann, wo bedeutende Ochsenmärkte entstanden, und zwar wurden diese Märkte im Frühjahr abgehalten, worüber man sich mit Unrecht gewundert hat; denn der jetzige Herbstexport fetter Ochsen aus unseren Gegenden ist erst ein Erzeugniß neuester Zeiten.

Gegenwärtig wird der gewaltige Ueberschuß der dänischen und Schleswig=Holsteinischen Rindviehzucht größtentheils im Frühjahr als Magerochsen unseren weiten Marschen zugeführt, dort bis zum Herbste gemästet und dann erst ihrem Heimathlande entfremdet. Aber dies hat sich im Wesentlichen erst so gestaltet in Folge der mannichfachen wirthschaftlichen Verschiebungen unseres Jahrhunderts, welche die Aufzucht von Schlachtvieh mittels der Fettweidewirthschaft rentabler gemacht haben, als den Kornbau, der seitdem von den Marschbauern immer mehr durch die Viehzucht ersetzt worden ist. Bis dahin wurden die in Dänemark und auf der Geest von Schleswig=Holstein gezogenen Ochsen meist und noch früher sämmtlich schon im Frühjahre als Magerochsen exportirt.

Die Geschichte dieses Exports bedarf noch sehr der näheren Untersuchung, die ihm hier nicht gewidmet werden kann. Er reicht ohne Frage tief ins Mittelalter zurück; aber aller Wahrscheinlichkeit nach ist Wedel für diesen Verkehr erst gegen Ende des Mittelalters ein wichtiger Export= und Umschlagsplatz geworden. Das läßt sich schon entnehmen aus dem Fehlen älterer Nachweise. Ein weiterer Beleg ist die Thatsache, daß erst seit 1465 und namentlich seit 1469 die Bemühungen der Hamburger begannen, die „Ummedrift der Ochsen" zu hindern. Sie wollten nämlich die Händler zwingen, ihre Ochsen drei Tage lang auf dem Hamburger Markte zum Verkaufe zu stellen und jeden dritten Ochsen auch wirklich dort zu verkaufen. Im Jahre 1483 erklärte Hamburg dem Herzoge Friedrich zu Schleswig-Holstein, es habe von König Christian I. von Dänemark (1448—1481) den ausdrücklichen Befehl erhalten, die Umgehung des Hamburger Marktes und Zolles zu verhindern, was auch den alten Privilegien entspräche. Hamburg hätte diese Privilegien sicherlich schon früher geltend gemacht und auch einen „Befehl" des Dänenkönigs schon früher erwirkt, wenn jene Umgehung bereits in älterer Zeit erhebliche Bedeutung gehabt hätte.

Wir können aber noch ein drittes Beweismittel in's Feld führen: Im Jahre 1653 ersuchte die Gemeinde Wedel den König von Dänemark, ihr die Kosten für Wieder-aufrichtung des in der Kriegszeit umgestürzten Roland zu ersetzen und begann diese Bitte mit den Worten, dem Könige werde es „zweifelsohne bekannt sein, daß bei Verlegung der Ochsenfähre und des Zolles von der Lichte aus dem damaligen dänischen Amte Haseldorf nach Wedel von den damaligen Grafen zu Holstein-Schauenburg eine Statue oder großes Bild, so noch heutigen Tages der Roland wird genannt, errichtet und das Privilegium dabei gelegt sei, daß wenn zwischen den dänischen, westländischen und anderen Kaufleuten im Ochsenmarkte daselbst, ihrer Kaufhandlungen halber, Irrungen entstunden, selbige vom Amtmann zum Pinne-berge entschieden werden", und daß diese Entscheidungen sofort unwiderruflich gültig sein sollten.

Für sich allein würde diese Mittheilung vielleicht noch nicht beweiskräftig sein; denn sie ist um zwei Jahrhunderte jünger als die Thatsachen, von denen sie berichtet, und sie war bestimmt, eine Bitte um Geld zu unterstützen; aber im Zusammen-hange mit den anderen Beweismitteln werden wir ihr Glauben schenken dürfen.

Ueberdies kommt noch hinzu eine Mittheilung in der schon im 16. Jahrhundert verfaßten Beschreibung der cimbrischen Halbinsel von Heinrich Rantzau, wonach der Ochsentrieb auf Haseldorf aufgehört hatte in Folge der Ueberfluthung eines Theiles der dortigen Marsch durch die Elbe. Das Dorf Lichte, bei dem nach der Wedeler Mittheilung von 1653 die Fähre früher gewesen war, ist thatsächlich durch Sturm-fluthen zerstört worden, nur wissen wir wieder nicht, wann dies geschah.*)

Daß die Ochsenfähre früher bei Haseldorf gewesen war, wird ferner bestätigt durch ein Haseldorfer Gutsregister, wonach seit 1496 dem damaligen Besitzer dieses Gutes, einem Herrn von Ahlefeld, durch den Grafen von Schauenburg ein Theil der Einnahmen von der Wedeler Ochsenfähre ausgezahlt wurde, und zwar von jeder Stiege (20) Ochsen 4 ß lüb., was im Jahre 1496 154 ₰ und 1497

---

*) Die Mittheilungen bei Detlefsen, Geschichte der Elbmarschen II, 51 ff. 64, 87 bedürfen noch der Ergänzung; danach könnte es scheinen, als ob „Lichte" erst am Ende des 16. Jahrhunderts oder noch später verschwand.

139 ₰ ergab. Hiernach müssen in diesen beiden Jahren 8080 bezw. 7410 Ochsen bei Wedel über die Elbe gegangen sein, was darauf schließen läßt, daß der Verkehr damals bereits Zeit gehabt hatte, sich zu entwickeln. Nun antwortete Herzog Friedrich 1483 auf jene Klage der Hamburger, die betreffenden Ochsen seien nach alter Gewohnheit von Bramstedt nach Wedel getrieben und dort über die Elbe gesetzt worden. War das 1483 wirklich schon eine alte Gewohnheit, so werden wir wohl anzunehmen haben, daß die Verlegung der Ochsenfähre und die Einrichtung des Wedeler Ochsenmarktes damals bereits um Jahrzehnte zurücklag, also vielleicht um 1460 geschehen war, indeß bedarf die Sache noch näherer Untersuchung.*)

In dem mehrerwähnten Jahre 1483 litt Hamburg seit drei Jahren an einer erschrecklichen Theuerung, welche durch starke Aufkäufe von Lebensmitteln seitens der Niederländer entstanden war: Roggen, Gerste, Hafer, Butter, Vieh — kurz, Alles stieg zu kaum erschwinglicher Höhe; von den Ochsen heißt es, daß jedes Stück 6—7 ₰ lüb. galt, was als ein unerhörter Preis angesehen wurde.

Wie gewöhnlich bei Theuerungen in der „guten alten Zeit", begann das Volk zu murren über den wucherlichen Aufkauf der „rikesten und mögenhaftigsten Borger und Koeplude", die alle Lebensmittel in fremde Lande schickten, „dem gemenen Manne to merklichen Nadeel und Vorfange." Es blieb aber damals so wenig wie in vielen anderen Fällen ähnlicher Art bei dem bloßen Murren und Schelten, vielmehr kam es zu einem wirklichen Volksaufstande, dessen Hauptführer ein Brauer Namens Hinrik von Lohe war, auch Hinrik Hurleke genannt, vielleicht ein Vorfahre des Joachim von Lohe, der 1536 das erste Haus Altona's erbaute.**)

Hinrik von Lohe war Anfang Mai 1483 in eines Nachbars Haus, „dar se Kindelbeer drunken und frölich waren"; dort klopfte er während der Feier auf den Tisch und rief mit lauter Stimme: „Leven Borger, höret, dar juw und uns allen grote Macht an ligt, am Dage nelkest geleden worden bavern 300 Ossen und grote Mennigte von Swinen to Wedel averschepet. So wert of das Korne averflodigen verföret, denket man dar nicht anders to, dat wert vor de Armot und dat gemene Nutte nicht gut siende."

Durch solche und noch heftigere Rede reizte er das Volk, worauf der Rath ihn in den Winserthurm setzen ließ; aber seine Anhänger rotteten sich zusammen, befreiten den Gefangenen, mißhandelten mehrere Rathsherren und machten sich zu Herren der Stadt. Wer sich für den weiteren Verlauf dieses Aufstandes interessirt, lese den höchst anschaulichen Bericht, den der Bürgermeister Hermann Langebeke davon verfaßt hat.***) Genug, nach kurzer Zeit gelang es dem Rathe, den Aufstand mit Hülfe der

---

*) Das Haseldorfer Gutsarchiv, mir augenblicklich nicht zugänglich, weil in der Ordnung durch Dr. Bobé begriffen, wird wohl weitere Materialien enthalten. Auch niederländische und dänische Quellen sind heranzuziehen.

**) Vergl. Ehrenberg, Altona unter Schauenburger Herrschaft Heft I.

***) Lappenberg, Hamb. Chroniken in niedersächs. Sprache S. 340 ff.

ihm treu gebliebenen Bürger zu unterdrücken; doch versprach er, den Beschwerden abzuhelfen und verbot u. A. die Umfuhr der Ochsen.*)

Der Rath begnügte sich damit nicht, sondern suchte mit doppeltem Nachdrucke die Umfuhr auch thatsächlich zu hindern. Hierdurch aber erregte er den Zorn der Nachbaren, und jener Briefwechsel mit Herzog Friedrich zu Schleswig-Holstein ist eben daraus hervorgegangen. Trotz aller Bemühungen gelang es den Hamburgern nicht, die Ochsenausfuhr zum Stillstand zu bringen oder über Hamburg zu leiten, und da die Theuerung im Jahre 1484 aufhörte, beruhigte sich auch die Bürgerschaft. In späterer Zeit enthalten die Hamburger Kämmereirechnungen zwar immer noch regel-mäßig einen Ausgabeposten für die „Expeditionen wegen der Umfuhr von Ochsen und Getreide"; doch scheinen diese Bemühungen sich immer ausschließlich gegen die Kornausfuhr gerichtet zu haben, während dem Ochsenhandel nur noch selten wirkliche Hindernisse bereitet wurden.

Im Jahre 1546 beschwerte Hamburg sich wiederum über die Umgehung seines Marktes und Zolles. Der Pinneberger Drost Hans Barner antwortete, auf den Schauenburgischen Fähren würden keine Ochsen überführt, ohne den Hamburger Zoll zu bezahlen (davon nachher); was aber den Markt betreffe, so hätten nur etliche Junker aus dem Lande Holstein, sowie königlich Dänische Beamte unter ihren Namen den Hamburger Markt umgangen; das sei nicht zu hindern. Hieraus erhellt immer-hin, daß der Wedeler Markt damals erst eine halbgesicherte Existenz führte.

Das Jahr 1554 brachte eine abermalige Hamburger Beschwerde, bei der es sich indeß nicht mehr um die Umgehung Hamburgs handelte, sondern um Klagen der Ochsenkäufer aus den Hansastädten über angebliche Neuerungen in Wedel und in der Harksheide, von denen gesagt wurde, daß sie Privilegien zuwiderliefen, die nach Angabe der Beschwerdeführer vordem in der Kirche zu Wedel vorhanden gewesen, aber dort verbrannt seien. Der Hamburger Bürgermeister Albert Hackemann machte sich zum Vertreter dieser Klagen.

Der Graf erkundigte sich, konnte aber nichts von Neuerungen erfahren; auch wußten die allerältesten Leute nichts davon, daß die Kirche zu Wedel abgebrannt sei. Es wurde daher geantwortet, etwaige Privilegien der Hansischen Kaufleute seien nicht verletzt, und der Schauenburgische Ochsenzoll sei stets auch von den durch gräfliches Gebiet (durch die Harksheide) direct nach Hamburg getriebenen Ochsen erhoben worden, weil die Grafen die Elbfähren mit schweren Kosten unterhalten müßten.

Als später (im Jahre 1614) die Umgehung des Wedeler Marktes über Zollen-spieker den gräflichen Einkünften bedrohlich wurde, berief der Graf sich seinerseits darauf, der Ochsenmarkt sei „über Menschen Gedenken" in Wedel gehalten worden; ein anderes Mal heißt es: „seit vielen hundert Jahren"; doch beweist das nichts; denn man war freigebig mit solchen Bezeichnungen, wenn man das Alter einer

---

*) Art. 45 und 46 des Recesses von 1483.

Einrichtung recht ehrwürdig erscheinen lassen wollte. Daß man selbst nicht recht daran glaubte, ist wohl daraus zu entnehmen, daß die betr. Worte bald so, bald so lauteten, mehrfach auch in den Concepten verändert wurden.

Wenn 1546 Hans Barner die Holsteinischen Junker als Umgeher des Hamburger Marktes an erster Stelle erwähnt, so ist das von Bedeutung. Es hat viel für sich, daß Holsteinische Junker, d. h. die damals überaus betriebsamen, reichen Angehörigen des großen Holsteinischen Adelsgeschlechtes, der Rantzau, Ahlefeld, Brockdorf, Pogwisch u. A. an der Aufzucht und dem Vertriebe von Ochsen hervorragend betheiligt waren. Auch das wird sich auf Grund der Archive dieser Familien hoffentlich fest-stellen lassen. Inzwischen sei hier wenigstens der Inhalt eines Briefes mitgetheilt, den der Ritter Wulf Pogwisch am 11. Mai 1528 aus Flensburg an seinen Schwager Hinrik Krummediek in Angelegenheiten des Ochsenhandels richtete.*)

Pogwisch legte dem Schwager Rechenschaft über gemeinsame Geschäfte. Krummediek hatte ihm aus Dänemark nach Flensburg 190 Ochsen gesandt, welche in dänischer Münze gekostet hatten . . . . 1547 ℔ 8 β 0 ₰.
dazu Zehrung bis Flensburg . . . . . 49 „ 13 „ 8 „

Summa 1597 ℔ 5 β 8 ₰.

die Krummediek ausgelegt hatte.

Dagegen betrugen die Auslagen Pogwisch's für Futter, Zoll und Unkosten von Flensburg bis zur Elbe und wieder zurück 427 ℔ 8 β lüb. oder 712 ℔ 8 β dänisch; außerdem hatte er dem Schwager in Odensee baar bezahlt 600 ℔. Die Gegenforderung Pogwisch's betrug also 1312 ℔ 8 β. Verkauft waren 110 Ochsen, das Paar für 10 fl. in Münze und 20 β lüb. = 27 ℔ 4 β 7 ₰ dänisch das Paar, zu bezahlen am nächsten Weihnachten laut der Handschrift; Bürgen für die Forderung hatte Pogwisch nicht, doch war ihm gesagt worden, daß die Käufer „wißze", d. h. sol-vent oder vorsichtig wären.

Da ein Ochse gestorben war, so blieben noch 79 unverkauft; diese hoffte er für gemeinsame Rechnung nach Holland schicken und dort vortheilhaft verkaufen zu können; an Fracht kostete jeder Ochse 14 β lüb.

Außerdem hatte er noch 26 Ochsen von einer anderen Parthie verkauft, die ohne die Unkosten bis zur Elbe 5 fl. das Paar kosteten und einen Verkaufserlös von 10 fl. und 20 β lüb. in Münze erbrachten. Von dieser Parthie blieben noch 72 Ochsen unverkauft, die ohne die Unkosten bis zur Elbe und wieder zurück auf 15 ℔ dänisch das Paar zu stehen kamen.

So wird noch über eine dritte Parthie „Schonischer Ossen" berichtet, und am Schlusse heißt es, nach Pfingsten werde Pogwisch dem Schwager mit eigenem Boten Tuch oder Geld schicken, damit aufs Neue Ochsen gekauft werden könnten.

---

*) Sejdelin, Diplomatarium Flensborgense II, 949 ff.

Es war offenbar schon ein lebhafter, regelmäßiger und vortheilhafter Handel. Nach der Abrechnung Pogwisch's kam das Paar Ochsen einschließlich aller Unkosten bis zur Elbe (die über 40 % des Einkaufspreises ausmachten) auf 24 ℔ 5 ß dänisch zu stehen und wurde mit 27 ℔ 4 ß 7 ₰ dänisch verkauft, sodaß am Paar 3 ℔ und an der ganzen ersten Parthie von 190 Ochsen rund 280 ℔ oder 12 % des Kapitals (einschließlich der verauslagten Kosten) rein verdient waren. Wenn man bei der zweiten Parthie die gleichen Unkosten in Ansatz bringt (die hier nicht mitgetheilt werden), so muß dieses Geschäft 5 ℔ pro Paar Ochsen oder 20 % Reingewinn ab-geworfen haben.

Wir ersehen ferner aus dem Briefe, daß die Niederlande bereits Haupt-abnehmer der Ochsen waren. Wie jetzt unsere Marschen, so besorgten damals die Niederlande die Mästung der Dänischen und Schleswig-Holsteinischen Magerochsen, die im Frühjahr in großen Heerden zunächst bis zur Elbe und dann, immer zu Lande, bis nach den Niederlanden getrieben wurden. Derartige lange Wanderungen von Magerochsen sind auch anderweitig nicht selten nöthig gewesen; so wurden früher die Schottischen Ochsen in großen „droves" für den Londoner Markt nach den Marschen der Themsegegend, nach Norfolk und Suffolk getrieben und dort für den Londoner Markt gemästet; so gingen ehemals die Ungarischen Ochsen auf ähnliche Weise bis Frankreich.*)

Wie in Schottland, so waren auch in Schleswig-Holstein und ebenso von der Elbe ab nach Westen die Viehmärkte derart eingerichtet, daß die Händler einen nach dem anderen besuchen konnten, und daß viele kleine Zuflüsse zuletzt in eine mächtige Ochsentrift ausmündeten, welche bei Wedel die Elbe übersetzte.

Wir sahen bereits, daß in den Jahren 1496/97 die Zahl der bei Wedel über die Elbe gefahrenen Ochsen etwa 8000 jährlich betrug; ein Jahrhundert später, in dem Zeitraum 1591—1611, schwankte die Zahl zwischen 20000 und 30000; und zwar vollzog sich damals eine Verschiebung im Verkehre, indem der Landweg, den bis dahin nur 16000—20000 Ochsen jährlich eingeschlagen hatten, dem Seewege, auf dem durchschnittlich 10000 befördert worden waren, immer mehr Abbruch that.

Es soll nun versucht werden, von dem Ochsenverkehre einen anschaulichen Begriff zu gewinnen.

Von Flensburg aus, das für die dänischen Ochsen als Hauptsammelpunkt diente, ging der „Ochsenweg" — so hieß gradezu die große Landstraße aus Jütland nach der Elbe — unter Passirung zahlreicher Zollstätten bei Schleswig vorbei über Rendsburg nach Bramstedt, einem wichtigen Marktorte, der gleich Wedel noch jetzt seinen „Roland" besitzt, freilich erst ein Werk vom Ende des 17. Jahrhunderts, an Stelle eines im dreißigjährigen Kriege verbrannten hölzernen Standbildes errichtet.

In Bramstedt theilten sich die Ochsentriften: eine ging durch die „Harkesheide" beim „Ochsenzoll" vorbei nach Zollenspieker in den Vierlanden, wo die Elbe gekreuzt

---

*) Roscher, System der Volkswirthschaft II. § 178.

wurde; doch war dies erst ein späterer Abweg; die eigentliche Haupttrift ging in der Blüthezeit des Verkehrs über die „Ueterser Brücke" nach Wedel, um die dortige oder die Blankeneser Fähre zu benutzen; für die Ochsen, welche über die Ueterser Brücke getrieben wurden, befand sich die Zollstätte in Wedel auf dem „Zollenhofe", wo der Pinneberger Amtmann während des Ochsenmarktes von früh bis spät beschäftigt war, den Zoll einzunehmen.

Dieser Ochsenzoll in Wedel betrug 2 Pfennig von jedem Ochsen; der Ertrag wurde nach Beendigung des Marktes in dem Zollkasten des „Schauenburger Zolles" nach Hamburg abgeliefert; denn nur die Hälfte hatte der Graf (später der König von Dänemark) zu bekommen, während die andere Hälfte — ein Pfennig von jedem Ochsen — Hamburg gebührte. Schon die älteste Schauenburger Zollrolle hatte den Zoll für einen Ochsen oder eine Kuh auf 2 Pfennige festgesetzt, und dieser Satz war offenbar auf den Wedeler Verkehr übertragen worden, den man nur als eine Abzweigung des Hamburger Verkehres ansah.

Der Ochsenmarkt zu Wedel dauerte von Mitte März bis Mitte April; doch scheint der Hauptverkehr während der Blüthezeit des Marktes schon im März stattgefunden zu haben; er wurde wohl auf dem Platze abgehalten, der noch jetzt der „Markt" heißt, aber damals entweder viel größer gewesen sein oder nur dem eigentlichen Geschäftsabschlusse gedient haben muß, während das Vieh selbst sich in den Ställen oder auf der Weide befand; denn der Platz ist im Verhältnisse zu den großen Massen der durch Wedel passirten Ochsen sehr klein an Umfang; doch dürfen wir nicht vergessen, daß nur ein Theil der Ochsen in Wedel verkauft wurde; ein anderer Theil hatte schon auf einem der vorher passirten Märkte, namentlich in Bramstedt, seinen Besitzer gewechselt, ein weiterer Theil wurde von den östlichen Händlern über die Elbe gesandt und dort erst verkauft.

Man unterschied die dänischen und die westerischen Ochsenhändler, zu jenen gehörten auch die Kaufleute aus Schleswig-Holstein; ihr Hauptquartier war Flensburg. Die „Westerischen" dagegen theilten sich wieder nach Landschaften: die Holländer hatten um 1610 ihr Hauptquartier in Utrecht bei Cornelius Arends im „Wappen von Dänemark", die Brabander in Antwerpen, wo Gillis von Ahnhoven beim Fleischhause Nachrichten für sie in Empfang nahm, während für die Gelderschen Gerlach Falkenberg in Arnheim das Gleiche that; auch die Münsterschen Ochsenhändler scheinen eine Art Gemeinschaft gebildet zu haben. In Wedel selbst aber gingen sie bei gemeinsamen Angelegenheiten als zusammengehörige Kaufmannschaft vor, deren Vertreter mit den Beamten des Grafen „auf der Gassen unter dem blauen Himmel am Roland" verhandelten.

Jede Parthie Ochsen wurde nach alter Gewohnheit in Wedel drei Tage lang zum Verkauf gestellt, und wenn sie dann noch nicht verkauft war, von den Dänen über die Elbe gesetzt, und zwar vor den Ochsen der „westerischen" Händler, damit

erftere jenſeits der Elbe um ſo raſcher zu Markte gelangen konnten. Die „Weſte=
riſchen" ſahen dies ſelbſt gerne, weil ſie auf dieſe Weiſe frühzeitig erfuhren, wie
der Marktgang im Weſten war, ob ſie demnach beſſer thäten, in Wedel zu kaufen
oder auf einem der weſtlichen Märkte in Münſter, Zwolle uſw. Doch als die nieder=
ländiſchen Religionswirren ausbrachen, und die Ochſen überdies in immer größeren
Maſſen zu Wedel anlangten, kam jener Vorzug der Dänen in Abgang.

Alle Verkäufe geſchahen „nach Kaufmanns= und des Wedeler Marktes Gebrauch";
auch kommt die Formel vor, die Ochſen ſeien zu liefern „von dem Futter und auf
das Futter", was wohl bedeutete, daß mit der Lieferung auch die Fütterung auf
den Käufer übergehen ſollte, oder aber, daß das Vieh gefüttert zu liefern war.

Einige Ochſenpreiſe haben wir bereits erwähnt: Um 1483 galt ein Preis von
6 bis 7 ℔ lübiſch ſchon als unerhört hoch; im Jahre 1528 verkaufte Wolf Pogwiſch
ſeine Ochſen an der Elbe mit 27 ℔ 5 β däniſch oder 16 ℔ 5 β lübiſch das Paar,
alſo mit 8 ℔ 2½ β lüb. das Stück. Aus dem Jahre 1603 beſitzen wir die Preis=
angabe: 31 Thaler zu 32 β lüb. (nicht effective Thaler, ſondern Rechnungseinheit)
das Paar = 31 ℔ lüb. das Stück. Inzwiſchen hatte freilich eine gewaltige Münzver=
ſchlechterung ſtattgefunden; die Lübiſche Mark enthielt 1483 20,60 gr. Feinſilber,
1528 15,50 gr., 1603 dagegen nur 12,60 gr.; doch ſtieg der Preis der Mager=
ochſen weit mehr als ſich der Gehalt der Lübiſchen Mark verſchlechterte.

Glücklicherweiſe enthalten die von mir ſchon vielfach benutzten Handlungsbücher
des Matthias Hoep in Hamburg eine Anzahl ſchätzbarer Mittheilungen über
Ochſenpreiſe und Aehnliches aus den Jahren 1579—1584, was uns geſtattet, einen
tieferen Einblick in dieſen Verkehr zu gewinnen. *)

Demnach waren die Herbſtpreiſe der Fettochſen in Hamburg 1579: 20—30 ℔,
Durchſchnitt von 5 Geſchäften: 25 ℔; 1580: 23⅓—26 ℔, Durchſchnitt aus 2 Ge=
ſchäften: 25 ℔. Am 11. Januar 1581 verkaufte Hoep 10 Ochſen zu je 33 ℔; es
waren alſo auch Fettochſen, („ſcholen gan up ſin — des Käufers — Eventur, bett
datt he ẞe gan laten will, ſall ett em friſtan, ſo lang idt em bolevet"); im Herbſt
waren die Preiſe noch höher: 33—35 ℔, Durchſchnitt aus zwei Geſchäften: 34½ ℔.

Um ſo auffallender iſt im Frühjahr 1582 der niedrige Preis der Magerochſen:
10—12 ℔, Durchſchnitt aus 2 Geſchäften 11½ ℔. Hoep kauft ſo 22 Ochſen und mäſtet
ſie bis zum Herbſte, er giebt ſie „mit Gottes Segen und Hülpe" auf die Weide.
Dafür bezahlt er an Jürgen von Holte auf der Peute Weidegeld für 16 Ochſen auf
5 Wochen 3 β das Stück wöchentlich, ferner an Henke Eckholt für 16 Ochſen Weide=
pacht 26 ℔ 6 β, an Peter Witte für 6 Ochſen 16 ℔. Im Durchſchnitt koſtete
ihn die Mäſtung dieſer 22 Ochſen nur 2 ℔ 10 β für das Stück. Er verkaufte ſie
ſchon am 6. Juli wieder für den hohen Preis von 38 ℔ das Stück und hatte alſo

---

*) Ganz vereinzelte Preisangaben ſind weggelaſſen, da aus ihnen ſich nichts ſchließen läßt;
nähere Kennzeichnung der Ochſen: „ſwarthuſſen, ſwartbunt, ſwartbrun, ſwarthunet, grißhunet, rot=
ruggelde, ſprinkeldkopp."

in drei Monaten am Stück fast 24 ℳ, im Ganzen 526 ℳ verdient. Das war indeß jedenfalls nur einer ganz besonderen Conjunktur zu verdanken; denn schon im Herbste ging der Preis der Fettochsen wieder stark zurück, er war am 30. September 30 ℳ, am 10. October 29 ℳ, am 27. October 26 ℳ.

Im Jahre 1583 kaufte Hoep abermals Magerochsen, mußte indeß jetzt 17—18 ℳ dafür bezahlen, ferner für Fütterung 3 ℳ, für Sommerweide 6 ℳ das Stück, während die Fettochsen im Herbste nur 26—30 ℳ galten, so daß in diesem Jahre bei dem Geschäfte wenig übrig blieb.

Auch im Frühjahr 1584 gab er an Jürgen von Holte auf der Peute wieder Ochsen zur Fettgräsung „in das erste Gras“ und bezahlte dafür 5 ℳ per Stück; im Herbste war der Preis des Fettochsen 32 ℳ 5 β, ein eiderstädtischer Ochse wurde für 28 ℳ 14 β verkauft; doch erfahren wir nicht, wie das Magervieh im Frühjahr ange=kauft worden war. Im Jahre 1587 wurden wieder niedrige Preise gemeldet. Fett=ochsen galten nur 27 ℳ, ja wie es scheint, vereinzelt sogar nur 18 ℳ 9 β. Es war offenbar ein riskantes, starken Preisschwankungen unterworfenes, aber auch hohe Conjunkturgewinne versprechendes Geschäft.

Entstanden Streitigkeiten aus einem im Wedeler Markt abgeschlossenen Ochsen=handel, so durften diese, wie schon erwähnt, nicht an die ordentlichen Gerichte ge=bracht, sondern sie mußten — wie der Pinneberger Amtmann Johann Goßmann 1603 erklärte — „vor dem Roland, uraltem wohl hergebrachtem Gebrauch zufolge“ von den Kaufleuten unter Leitung des Amtmannes in erster Instanz entschieden werden, wie die Kaufleute beanspruchten, auch in letzter Instanz, was indeß die Obrigkeit wenigstens zu Anfang des 17. Jahrhunderts nicht gelten ließ.

Der dreißigjährige Krieg versetzte diesem großen und blühenden Verkehre einen Stoß, von dem er sich nicht wieder erholt hat; wenigstens erlitt der Wedeler Markt eine unheilbare Erschütterung. Zahlen für den dortigen Verkehr besitzen wir indeß erst wieder seit 1675. In dem Zeitraume 1675—1706 wurde zwar der Schauen=burgische Ochsenzoll immerhin noch jährlich von 10000—13000 Ochsen erhoben; aber davon passirten im Durchschnitt nur noch 5000 Stück, in manchen Jahren noch viel weniger die Fähren von Wedel und Blankenese; in den Jahren 1748 und 1750 wurden überhaupt keine „Schonischen Ochsen“ mehr mit diesen Fähren über die Elbe transportirt, wie der Fährverwalter Müller betrübt auf seinen Amtseid hin attestirte. Beim Zollenspieker nahm die Fährfrequenz vorübergehend zu; so wurden dort in dem Zeitraum 1673—1723 durchschnittlich etwa 9000 Ochsen in jedem Jahre übergesetzt; aber dann ging auch der dortige Verkehr immer mehr zurück, bis er um die Mitte des 18. Jahrhunderts ebenfalls aufhörte.

Der ganze Ochsenhandel erfuhr in dieser Zeit eine völlige Umgestaltung dadurch, daß die Marschbauern immer mehr sich auf die Fettweidewirthschaft verlegten. Der Hauptmarktverkehr war schon 1765 um Martini, und zwar fand dieser Marktverkehr damals bereits am „Schulterblatt“, nahe der Grenze von Hamburg=Altona statt;

dort ist er dann, wenn auch unter wechselnden Schicksalen, bald auf Hamburger, bald auf Altonaer Gebiet bis zur Gegenwart verblieben.

Der Roland zu Wedel aber hat den Untergang des Marktes überlebt. Zwar war er im Jahre 1652 durch das Ungemach der Kriegszeit und dann durch Ungewitter so schadhaft geworden, daß er „das Niederfallen andränete"; aber die Pinnebergischen Beamten ließen ihn durch die Wedeler Einwohnerschaft herunternehmen, „von Grunde auf wiederum aufsetzen und soviel wie möglich erneuern". Da die Wedeler Eingesessenen nicht einmal ihre baaren Auslagen ersetzt bekamen, mußten sie sich, wie erwähnt, in einem Immediatgesuch an den König wenden; sie stellten vor, daß sie „in den verflossenen Kriegesjahren und sonsten gar sehr sind ausgemergelt"; sie könnten daher jene Unkosten unmöglich tragen. Der König gab dem Gesuche statt: er bewilligte am 22. Juni 1653 100 Thaler zur Erstattung der ausgelegten Kosten.

Bei Wiederaufrichtung des Roland soll der Wedeler Pastor Johann Rist, einer der angesehensten deutschen Dichter damaliger Zeit, eine Haupttriebkraft gewesen sein und auch die wohlgemeinten Verse verfaßt haben, die man auf der Rückseite des Denkmals noch jetzt liest:

> Als sechzehnhundert und noch einundfünfzig Jahr
> Im Wintermonat die bekannte Jahrzahl war,
> Ward dieses Kaisers Bild aufs Neu hierher gesetzet;
> Gott woll' es und uns All' erhalten unverletzet.
>
> Rist.

Das klingt sehr wahrscheinlich, hat aber doch verschiedene Haken: Erstens steht in der Eingabe der Wedeler Einwohner vom 12. März 1653 (Kgl. Staatsarchiv zu Schleswig A. XVIII. 1609), daß der Roland, „im vergangenen Sommer das Niederfallen andreute"; das war also 1652 und nicht 1651. Zweitens besagt die Eingabe, daß die Pinneberger Beamten das Standbild wieder aufrichten ließen; von Rist ist nicht die Rede; indeß könnte er dennoch dabei thätig gewesen sein. Aber die Verse möchte ich ihm keinesfalls zuschreiben. Rist ist zwar, nach heutigem Maaße gemessen, kein großer Dichter gewesen, aber so schlechte Verse, wie sie auf dem Roland zu Wedel stehen, hat er sich nicht zu Schulden kommen lassen.

Von den Fähren zu Blankenese und Wedel. Die Anfänge dieser Fähren haben wir bereits, soweit es der mangelhafte Zustand des Quellenmaterials gestattete, zu schildern versucht. Hier mögen noch einige Nachrichten über ihre spätere Zeit folgen.

Die Fähren dienten einerseits dem soeben geschilderten Ochsenverkehre, andererseits dem allgemeinen Personen= und Waarenverkehre. Der erstere war während seiner Blüthezeit für den Eigenthümer der Fähre bei weitem der wichtigere Verkehrszweig. So brachte er z. B. 1590 an Fährgeld 2253 ₰ ein, dagegen der ganze übrige Verkehr nur 908 ₰; davon in Wedel 564, in Blankenese 344 ₰. Damals war also Wedel die wichtigere Fährstelle.

Wir ersehen dies auch aus einem Reisehandbuche vom Jahre 1603 („Allgemein Reyßbuch und Wegweiser"), das für die Reise von Hamburg nach Bremen folgende Route und (falsche) Entfernungen angiebt: Altona ³/₄ Meile, Ottensen ¼ Meile, zum Kreuz (Grenze von Othmarschen und Flottbek) ½ Meile, Schenefeld ½ Meile, Blankenese (½ Meile) bleibt zur Linken, Wedel 1 Meile, hier über die Elbe nach der Lühe, dann Stade, Bremervörde u. s. w. Die ganze Entfernung bis nach Bremen wird auf 15 Meilen angegeben.

Dagegen heißt es in einem ähnlichen Buche von 1713: Hamburg—Blankenese 2 Meilen, hier über die Elbe nach Cranz, dann Buxtehude, Kloster Zeven u. s. w. Gesammtentfernung nur 13 Meilen.

Welcher Weg und demnach auch, welche Fähre bevorzugt wurde, wird wohl hauptsächlich von der jeweiligen Beschaffenheit und Sicherheit der Straßen abgehängt haben.

Bis zum Jahre 1554 hatten die beiden Fähren zusammen 5 Prähme, dann wurden noch 2 hinzugebaut, und es gab seitdem in Blankenese 4, in Wedel 3 Prähme, deren jeder 8 Mann Besatzung brauchte. Die Unterhaltung jedes Prahms kostete einschließlich des Lohns der Fährleute 1590: 100 ℔. Im Jahre 1620 wurden bei einem Schiffbauer in Hamburg drei solcher Prähme für zusammen 915 ℔ bestellt, 1694 dagegen kostete ein einziger Prahm (65 Fuß lang, 14 Fuß breit) 1306 ℔, 1715 wurden für zwei Prähme (63 Fuß lang, inwendig 13 Fuß breit, vorn 4½ Fuß hoch, hinten 4 Fuß) 4200 ℔ bezahlt.

Außerdem befand sich bei der Fähre noch ein Fährewer, in Blankenese ein großer, dessen Bau 1718 95 Thaler kostete, in Wedel ein kleinerer, Baukosten 1718: 85 Thaler; Hans Fock in Blankenese lieferte das Holzwerk, der dortige Grobschmied Peter Wolff das Eisenwerk. Als der Ochsenverkehr Mitte des vorigen Jahrhunderts aufhörte, wurden die Prähme abgeschafft; 1766 gab es in Blankenese nur einen alten, sehr mürben Fährewer und einen kleinen neuen Postewer nebst einer Jolle; in Wedel waren überhaupt keine Fahrzeuge mehr vorhanden.

Der erste uns bekannte Fährverwalter war der 1583 dazu bestellte Hatesburger Amtmann Hermann Wedemeyer; ihm wurde damals das Blankeneser Fährhaus auf Lebenszeit überlassen, ebenso — gleich seinem nicht genannten Vorgänger, — der „Krautsand" bei Wedel, der stets bei der Fährverwaltung blieb und davon noch jetzt den Namen „Fährmannssand" führt. Im Jahre 1608 wird Johann Cantzler, 1610—1612 Richard Holmes, 1640 Carsten Wiemeyer als Fährmann erwähnt. Die Wittwe von Holmes verkaufte 1620 ihr ganzes Gewese an die Brüder Dietrich und Gabriel Engels.

Im Jahre 1647 wurde Johann Dose zum Verwalter beider Fähren bestellt; als er 1669 starb, ergab sich, daß die Fähren weniger einbrachten als sie kosteten; daher beschloß man, sie zu verpachten. Die Pacht wurde von der Wittwe Dose übernommen und blieb lange Zeit (mindestens bis 1731) in der Familie Dose, die aber ihrerseits Unterpächter oder Verwalter annahm, so 1701 den Kapitän Adolff Hanßen, dann geraume Zeit hindurch den Lieutenant Nottelmann. Spätere Pächter: 1766 H. C. Timmermann, 1778 Dan. Chr. Linneweh, 1784 Joh. Chr. Ziese, 1826—1835 Hansen, zuletzt die Wittwe Mohrmann.

Die Fähr-Ordnung vom 11. October 1587 besagt u. A., daß Niemand von den Einwohnern der Nachbarorte Reisende übersetzen dürfe, er habe denn zuvor das Fähr-geld in Blankenese bezahlt. Als im Winter 1695 ein Schiffer aus Hamburg des Eises wegen 10 Tonnen Bier bis Flottbek auf einem Schlitten geführt und von dort an sich bis Brunsbüttel des Wassertransports bedient hatte, sollte das Bier confiscirt werden; doch kam der Mann, weil er sich unwissentlich vergangen hatte, mit 12 β Strafe und Entrichtung des Fährgeldes davon.

An Fährgeld war 1587 zu bezahlen: für 1 Wagen 4 β, für ein „reysiges" (Reit=) Pferd auch 4 β, für eine Person 2 β, für mehrere je 1 β u. s. w., für eine Fahrt von Wedel nach Stade oder Buxtehude bei günstigem Wasser und Wind höchstens ½ Thaler, wenn Wasser und Wind zuwider waren: 1 Thaler, war Wasser oder Wind ungünstig, höchstens 1 fl.

Der Fährmann und seine Leute behandelten die Kaufleute oft recht ungebührlich, was zu vielen Beschwerden Anlaß gab; auf eine solche antwortete der Pinneberger Amtmann 1607: „Daß die Fährleute gern saufen, ist nicht ohne, des seind aber die Ochsenhändler selbst schuldig", weil sie ihnen nämlich Bier zum Besten geben, damit sie mit der Ueberfahrt desto hurtiger zu Werke gehen. Im Jahre 1641 klagt ein Bremer Kaufmann, daß man ihm für seine Person 4 Thlr. Fährgeld abgefordert habe.

Unter den Blankeneser Einwohnern ging der Dienst auf der dortigen Fähre reihum; er bildete für sie offenbar eine wichtige Einnahmequelle. Im Jahre 1615 verkauft Martin Coltzer seinem Stiefsohne Hans Breckwoldt sein Haus, behält sich jedoch ein Viertel des Fährgeldes vor für die Zeit von Michaelis bis zur jährlichen „Prahmzeit" (Frühjahr); 1625 kauft Jasper Grote von seiner Mutter ihr Haus und Fischereigeräth; die Mutter bedingt sich aber u. A. für die Zeit ihres Lebens aus: 1 β von der „Elbreise", 4 β von dem „Fährtage", 3 β von der „Buxtehuder Reise". 1669 verkauft Elsabe Blome an Hans Pieper, den Bräutigam ihrer Tochter, Haus, Fischereigeräth u. s. w., behält sich indeß vor ein Viertel vom Fährgelde, doch nur zur Winterszeit, „wie die Fähr auff die Reige umbgehet"; 1670 ähnlicher Vertrag: Wenn der Fährtag einfällt, soll der Vater im Winter die Hälfte des Geldes haben, im Sommer (dann war der Sohn auf dem Fischfange) Alles u. s. w. Daraus wurde mit der Zeit ein Recht der Blankeneser Einwohner, das sogar schließlich (1835) abgelöst werden mußte.

Ein Regulativ vom Jahre 1826 beschreibt das Verfahren beim Fährbetriebe folgendermaßen: Wenn Passagiere ankamen, mußte einer der Fährknechte in dem Theile der Ortschaft, dem gerade Hülfeleistung oblag — zu dem Zwecke war die Ortschaft damals in „Oster=, Wester= und Mittel=Loos" getheilt — „heraus!" rufen.

Dann konnten sich soviel Leute melden, wie wollten, doch aus jedem Hause nur Ein Mann; diese Mannschaft mußte im Winter den Fährknechten helfen, die Jolle vom Strande ins offene Fahrwasser zu bringen und die Passagiere hinüberzuschaffen; sie hatte auch am ganzen Tage weiter den gleichen Dienst zu leisten. Der Tagesverdienst wurde Abends im Fährhause nach einem vorgeschriebenen Plane getheilt. Im Sommer wurde unter den sich auf das Herausrufen meldenden Leuten das Loos geworfen, um festzustellen, wer helfen sollte.

Das Fährhaus befand sich ohne Zweifel von jeher auf seiner jetzigen Stelle hoch über der Elbe. Diese hohe Lage deutet auf weit zurückliegende Errichtung in einer Zeit, da die beherrschende Lage auch zur Vertheidigung gegen räuberische Ueberfälle erwünscht sein mochte. Auf Lorichs Elbkarte von 1568 ist ringsum das Fährhaus eine starke Umzäunung zu sehen, die wohl dem gleichen Zwecke gedient haben wird.

Von der Fähre zum Fährhause führte, wie es scheint, ursprünglich nur der gewundene Weg, der seit Alters her „die Grube" genannt wurde; von ihm heißt es 1670, er sei durch Schlagregen und Sturzwasser ganz verdorben und nicht wiederherzustellen. Im Jahre 1731 wird auch eine große hölzerne Verbindungstreppe erwähnt, 1766 eine mit Geländer versehene Steintreppe, die im Jahre 1800 als „holprig" bezeichnet wird; wir wollen sie hier abbilden.

Von jeher wurde im Fährhause Gastwirthschaft und Krügerei betrieben. Daraus wurde später eine accisefreie Kruggerechtigkeit, verbunden mit Brauerei und Branntweinbrennerei. Als die Fähre immer unbedeutender wurde, bildete der Wirthschaftsbetrieb nebst den sonst am Fährhause haftenden Rechten und Ländereien den Hauptgegenstand der Verpachtung. Die Fischer hatten dort seit Alters ihre besondere „Fischerstube", die neben unzähligen behaglichen auch manche wilde Scenen erlebt hat; im Jahre 1700 klagte sogar ein Mann aus Wedel bei der Obrigkeit, daß der Herr Fährmann ihn „mit einem Krug voll Bier ins Gesicht geworfen und seinen Degen auf ihn geblößet habe."

Blankenese.

Seit Alters wurden ferner im Fährhause Hochzeiten, Kindtaufen und andere, „lustige Zusammenkünfte" gefeiert. Zu dem Zwecke befand sich im ersten Stockwerke ein „großer Saal", zu dem man auf zwei breiten Treppen hinaufstieg; er hatte zwei Fach Fenster nach Süden und drei Fach nach Westen, enthielt auch einen stattlichen Kamin; daneben lag der „kleine Saal" mit zwei Fach Fenstern nach der Süd= und ebensovielen nach der Ostseite.

Von der großen Land = Diele, die nach alter niedersächsischer Art ursprünglich den Feuerherd enthalten hatte — später war eine besondere Küche vorhanden — gelangte man in die steingepflasterten Kammern des Gesindes, in allerhand Korn= kammern, in die Kuh= und Pferdeställe. Von der großen Diele durch eine Scheerwand ge=

Eine Blankeneser Diele. Von Dose.

sondert war (wohl erst in späterer Zeit) die kleine Vorderdiele, deren Fußboden mit gelben Klinkern ausgelegt war; unter der Treppe befanden sich dort Bettschränke für das Gesinde. Die eigentlichen Wohnräume wurden allmählich zum großen Theil in einen späteren Anbau, das Quergebäude, verlegt, das ebenso wie das eigentliche „Landhaus" von Bindewerk aufgeführt und mit Reth gedeckt war; daneben gab es dann noch eine Scheune, den „Brauwinkel", die Brennerei und andere Nebengebäude.

Die frühere Treppe von der Elbe führte direct in das Fährhaus hinein. Aber als dieses 1826 abbrannte, wurde es etwas entfernt von der Treppe wieder aufgebaut; seitdem hat sich die Entfernung durch Neubau der Treppe noch vergrößert.

Der Fährbetrieb scheint im Laufe unseres Jahrhunderts und zwar schon vor dem Beginne des Eisenbahnbaues von selbst aufgehört zu haben; das Fährhaus aber wurde weiter verpachtet und erst 1868 an den Gastwirth W. Sagebiel aus Hamburg für 105000 ⅄ verkauft.

Die Blankeneser Fischerei vom 16. bis zum 18. Jahrhundert. Von jeher hatte sich die Blankeneser Bevölkerung fast ausschließlich vom Fischfange ernährt; was hätte sie auch auf ihren Sandhügeln anders thun sollen? Als vollends seit dem 16. Jahrhundert der „Blankenbrof" allmählich fortgeschwemmt wurde, als dann auch der Fährbetrieb abnahm, sahen sich die Blankeneser immer ausschließlicher auf die Fischerei angewiesen, die gleichzeitig durch das Anwachsen der städtischen Bevölkerung von Hamburg und Altona wesentlich einträglicher geworden sein muß.

Im Jahre 1535 wird von der ersten ernstlichen Streitigkeit der Blankeneser mit den Hamburger Amtsfischern berichtet, ein sicheres Zeichen, daß ihr Betrieb im Zunehmen begriffen war.*)

Die Blankeneser hatten eine neue „Vörde" (Fischereigrund) zwischen Dockenhuden und Finkenwerder für sich hergerichtet, was die Hamburger ihnen wehren wollten. Unter Vermittlung der beiderseitigen Obrigkeiten kam es zu einer Verständigung: Den Hamburgern wurde gestattet, die neue Vörde mit den Blankenesern abwechselnd zu befischen; dagegen sollten letztere einstweilen nicht weiter oberhalb

---

*) Vgl. hier Ehrenberg, Altona unter Schauenbg. Herrschaft II./III. S. 5 ff. und überhaupt die ganze Darstellung über die Altonaer Fischerei.

ihrem Geschäft nachgehen; andrerseits wurde ihnen erlaubt, ihre Fische täglich in Hamburg zu Markte zu bringen. Im Jahre 1542 wurde ein neuer Vertrag abgeschlossen, der ungünstiger für die Blankeneser war: sie sollten die von ihnen bei Nienstedten hergerichtete Vörde gegen Zahlung von 41 ₰ aufgeben und künftig oberhalb Blankenese überhaupt keine neue Vörde mehr machen.

Da die Streitigkeiten immer mehr um sich griffen, wurde 1550 und 1557 bestimmt, daß ein zwischen Blankenese und Dockenhuden belegener weißer Sandberg, „der mit vielen Schwalkenholer is tho sehende" und deshalb der „Schwalkenberg" hieß (jetzt Baur's Park), die „Marktstede" der Blankeneser und Hamburger Fischerei sein solle. Dennoch ist auch in der folgenden Zeit sehr häufig von neuen Kämpfen die Rede; die Hamburger Amtsfischer suchten auf jede Weise die Entwickelung der Blankeneser Fischerei zu hindern. Als aber 1640 die Grafschaft Pinneberg und damit auch Blankenese unter dänische Herrschaft kam, wurde der Spieß umgedreht. König Christian IV. befahl seinen Beamten schon 1641, die Blankeneser gegen alle Gewalt gebührlich zu schützen, zuvorderst in Hamburg sich zu beschweren, wenn solches aber nicht helfen sollte, Gewalt mit Gewalt zu steuern.

Um diese Zeit gab es in Blankenese 41 selbständige Fischer, fast ebensoviel wie selbständige Familien (45). Sie betrieben, wie es scheint, nur Elbfischerei, doch nicht auf Lachse und Störe; diese hatten sie den Hamburgern, Finkenwerdern und Harburgern überlassen müssen. Vielfach fischten mehrere Blankeneser in Compagnie, und es wird öfters erwähnt, daß dieser oder jener von ihnen ein halbes Schiff, einen halben Hamenewer oder dergl. besessen habe; ein solcher halber Ewer nebst 16 Garnen wird 1631 mit 100 ₰ bewerthet; es waren jedenfalls nur ganz kleine, etwa unseren heutigen „Buttjollen" ähnliche Fahrzeuge.*)

Erst in der folgenden Zeit begannen die Blankeneser sich auch mit der See-fischerei zu beschäftigen, was natürlich größere Fahrzeuge erforderte. Im Jahre 1734 waren es meist schon „Bünn-Ewer" von 36 Fuß Länge; doch gab es auch noch kleine Ewer, die nur 18 Fuß lang waren, und selbst ein Bünn-Ewer von 1734 war noch nicht halb so lang, wie ein moderner Fischerkutter.

Die Blankeneser Fischerei vor hundert Jahren. Um 1750 gab es in Blankenese erst etwa 70 Fischerewer, 1787 dagegen 140 und 1806 sogar 172.

Diese wahrhaft großartige Entwickelung wurde 1787 von einem genauen Fach-kenner**) auf zwei Umstände zurückgeführt: erstens auf die bedeutende Zunahme der Stadt Altona, welche der Blankeneser Fischerei einen ansehnlichen, sehr consum-kräftigen neuen Absatzkreis in nächster Nähe verschaffte, sodann aber auf den Unter-nehmungsgeist der Blankeneser, welche gelernt hatten, auch die Marktplätze der

---

*) Die damaligen Altonaer Fischerewer waren anscheinend größer; denn in Altona wurde eine halbe Fischerei nebst allem Geräth 1610/11 auf 212½—245 ₰ taxirt.

**) Das Folgende hauptsächlich nach den Schleswig-Holsteinischen Provinzialberichten von 1787 S. 529 ff.

holländischen Küste (Enkhuysen, Medenblick, Harlingen u. s. w.) zum Absatz ihrer Fische aufzusuchen. Dies lag freilich nahe, da sie ohnehin den größten Theil des Jahres hindurch in der Nähe der holländischen Inseln fischten und von dort aus leichter nach der holländischen Küste gelangten, als nach Hamburg-Altona. Auch waren die Fische in Holland schon damals durch Verkauf auf „Abschlag" (öffentliches Ausbieten vom höchsten Preise abwärts) rascher zu verwerthen, als an der Elbe, wo öffentliche Fischauctionen erst in allerneuester Zeit entstanden sind. Endlich waren die Preise namentlich vom Frühjahre bis Johanni in Hamburg-Altona gedrückter als in Holland.

Die Fische der Blankeneser waren in Holland sogar beliebter als die der holländischen Fischer, weil diese mit einem Schleppnetze („Kurre") fischten, das viele Fische verdarb, während die Blankeneser sich zur Seefischerei auf große Schollen und Steinbutte noch dreidoppelter Stellnetze bedienten, die mit ihren beiden Flügeln („Leeden"), oben durch „Flözhölzer" gehalten, unten bleibeschwert, 180 Fuß lang im Wasser standen, sodaß die Fische nur mit den Köpfen hineingeriethen und leicht unverletzt wieder losgelöst werden konnten; für kleine Schollen und Seezungen wurden ähnliche Netze, aber mit kleineren (vierzölligen) Maschen verwendet; die Stintfischerei auf der Elbe wurde dagegen mit Hamen betrieben.

Die damaligen Fahrzeuge der Blankeneser waren schon erheblich größer, als im Jahre 1734; die größten waren 50—55 Fuß lang und oben an der breitesten Stelle 15 Fuß, unten 8 Fuß breit; das Vordertheil war 10—12 Fuß, das Hintertheil 5—6 Fuß hoch. Ein solcher Ewer hatte, wenn er Geräth und Proviant an Bord hatte, 3 Fuß Tiefgang und kaum 1½ Fuß Freibord, war deshalb auch nur im Noth-falle als Lastschiff zu verwenden. Doch segelte er gut, und das Wasser in seiner „Bünn" sicherte ihn derart gegen das Kentern, daß die Blankeneser Fischer den schwersten Sturm nicht leicht fürchteten und in Strandungsfällen die kühnsten Berger waren. Ein Ewer kostete ohne Geräth und Eisenbeschlag 800—900 ₰, mit voller Ausrüstung 1800—2400 ₰; sie wurden meist in Lauenbrok und Finkenwerder gebaut; jährlich brauchte Blankenese 8--10 neue Ewer. Die S e g e l (22 Ellen lang) wurden meist in Wedel aus Garn, das die Blankeneser Frauen spannen, gewebt; ein Segel kostete 135—140 ₰ und hielt durchschnittlich ein Jahr. Die „Draggen" (vierarmige Anker), deren jeder Ewer 5 Stück führte, außer einem „Packdraggen", waren 25—100 Pfd. schwer, die dazu gehörigen Taue wurden von den Blankenesern selbst gemacht; Reep-schläger gab es nicht im Dorfe, dagegen waren gute Plätze zur Reeperbahn bei den einzelnen Häusern sehr gesucht.

Sobald die Elbe im März eisfrei wurde, ging der Blankeneser Fischer in Begleitung seines Knechtes („Vormaten") und Jungen in See. Zuerst fing er haupt-sächlich Schollen unfern der Küste in einer Tiefe von 10—12 Klaftern; nach Pfingsten aber, wenn Luft und Wasser wärmer wurden, und der Fisch weiter nach Norden in die offene See ging, folgten die Blankeneser ihm bis auf 4 oder 5 Meilen von der Küste

Reepschlägerei am Strande von Blankenese. Von Gensler.

und fischten dort in 20—25 Klaftern Tiefe Seezungen, Schollen, Steinbutt, auch mitunter Schellfische und Hummer. Vom Frühjahr bis Johanni wurde mit weiten, nachher mit engen Netzen gefischt.

Besaß ein Blankeneser einen ganzen Ewer, so erhielt sein „Vormat" den achten Theil vom Bruttoverdienst nebst freier Kost, der Junge ein zwölftel, zuweilen auch 15—20 Thaler jährlich festen Lohn; doch besaßen manche Blankeneser nur einen halben Ewer. Manchmal bildeten zwei bis drei Ewer eine Fischerei=Compagnie, wobei dann ein Ewer die Fische zu Markte brachte, während die anderen weiterfischten; solche Compagnien dauerten von März bis acht Tage nach Weihnachten.

Inzwischen spannen die Frauen zu Hause mit Kindern und Gesinde den Flachs zum Segel, den Hanf zu den Netzen und zwirnten das Garn zu beiden.

Vom Herbst bis zum Anfange der Stintfischerei auf der Elbe im Anfange November hielt sich der Fischer zu Hause auf und zehrte vom Verdienste des Sommers, wenn er nicht als Lootse sich einen Extra=Verdienst verschaffen konnte. Winter und schlechtes Wetter erlaubten ihm, seine Taue und Reepe selbst zu schlagen, die Netze selbst zu stricken.

Es war ein hartes und mühsames Gewerbe; 1500 ℳ oder rund 500 Thaler mußte der Fischer verdienen für Zinsen, Abnutzung des Ewers und Geräths, Lohn und Kost seiner Leute, ehe er für sich etwas übrig hatte, und dies mußte in 9—10 Monaten geschehen. Selten verdiente er mit dem Fischfange 2000 ℳ im Jahre, deshalb galt es jeden Tag rastlos zu nützen, jede Gelegenheit zum Nebenverdienst zu ergreifen.

Arbeitsamkeit und Lust am Geldverdienen waren daher als Hauptzüge im Character des Blankenesers bekannt; er war kühn bei seinen Unternehmungen, rasch in seinen Handlungen, dabei mäßig und sparsam. Seiner Obrigkeit war er gehorsam und treu; auch wird mehrfach gerühmt, daß die Blankeneser dem Eide ganz besondere Ehrfurcht bezeigten. Dagegen wurde ihnen nachgesagt, daß sie früher arge Strand=räuber gewesen seien; doch in der Zeit, von der wir jetzt sprechen, gehört das schon der Vergangenheit an, und nur große Regsamkeit bei Hülfeleistung auf See und bei Bergung von gestrandeten Schiffen war zurückgeblieben, wobei oft auch tüchtig verdient wurde, aber ohne Beschwerung des Gewissens.

Die Blankeneser Fischer als Berger von Strandgut und Helfer in Seenoth. Die strenge Bestrafung des Strandraubes zusammen mit der allmählichen Besserung des Rechtsgefühles hatte es um die Mitte des vorigen Jahrhunderts dahin gebracht, daß Strandräubereien von den Blankeneser Fischern nur noch ausnahms=weise verübt wurden. Dagegen hatte eine Königliche Verordnung vom 26. Juni 1720 bestimmt, daß vom Werthe der geborgenen Güter ein Drittel den Bergern, ein Drittel dem Könige und ein Drittel den Eigenthümern, wenn sie sich binnen Jahresfrist meldeten, sonst auch dem Könige zufallen sollte.

Danach wurden fortan die gemeldeten Bergungen behandelt, und die geborgenen Güter zur Feststellung des Werthes öffentlich verauctionirt, wobei die Berger durch Selbstkauf der Waaren oft nochmals verdienten.

Die Blankeneser waren damals auf der Elbe und den angrenzenden Theilen der Nordsee die rührigsten Berger. Welche Beträge ihnen dadurch zuflossen, ersieht man aus der Thatsache, daß das Königliche Drittel z. B. im Jahre 1801 den größten Einnahmeposten bildete, den die Krone aus der Grafschaft Pinneberg zog; er belief sich auf 27 859 Thaler, für damalige Zeit eine stattliche Summe. Es war nichts

Ungewöhnliches, daß die Blankeneser in einem und demselben Jahre 15 größere Bergungen bewerkstelligten. In der Regel waren bei einer Bergung nur 2—5 Ewer betheiligt, hin und wieder aber auch 8, 10, 16, 30, ja 80 Ewer, und in folgendem Falle erhalten sogar alle Blankeneser Antheil am Bergelohn.

Im Jahre 1748 verbrannte nämlich das Schiff „Justus Henricus" auf der Reise von Nantes nach Hamburg dicht bei Blankenese; deshalb und weil es Winter war, mögen sich alle Fischer des Ortes an der fünf Tage lang währenden Bergung der Ladung betheiligt haben. Es wurden versteigert: für 4800 ℳ Zucker, für 2200 ℳ Wein und Branntwein, für 600 ℳ Pflaumen, für 500 ℳ Kaffee u. s. w., endlich noch 10 drei- und vierpfündige Kanonen für 800 ℳ Das Ganze ergab 9591 ℳ.

Noch einige andere Bergungen seien hier geschildert: Die englische Brigantine „Fanny", Capt. Joseph Bohenna, mit Kupfer und Zinn von Swansea und Penzance nach Hamburg bestimmt, gelangte am 3. Juni 1789 Morgens in die Nähe der Lootsen-Galliot vor der Elbmündung. Dasjenige, was darauf geschah, wurde von den Engländern sehr harmlos folgendermaßen dargestellt: Von der Lootsen-Galliot, so behaupteten sie, sei ein Schuß gefallen, in Folge dessen hätten sie gehalset, und da der Wind bei nebligem Wetter sich aus NO. nach ONO. gedrehet, hätten sie nach der Weser abgehalten und daselbst auf 11½ Faden Wasser geankert; am folgenden Morgen seien mehrere Fischerfahrzeuge vor dem Winde heruntergekommen; der Steuermann hätte eines davon angerufen und gesagt, wenn ein Mann an Bord des Schiffes kommen wollte, solle er eine Guinea haben; es hätten sich nun 3 Fahrzeuge herangemacht und als der Kapitän gesagt, er brauche nur einen Mann, hätte es geheißen, das sei gleich viel. Hierauf hätte der Kapitän durch die Fischer und seine eigene Mannschaft die Segel losmachen, das Marssegel und große Segel beisetzen und den Anker einwinden, auch, da der Wind SW. und das Wetter bequem gewesen, das Bramsegel und Vorstengtagsegel beisetzen lassen; drei Stunden darauf wären sie auf der Elbe und am 5ten in Hamburg angelangt. Kein Anschein von Gefahr wäre vorhanden und keine Hülfe nöthig gewesen, außer etwa die eines Lootsen; nur als solchen hätte man den Fischer annehmen wollen.

Ganz anders lautete die Darstellung, welche die Blankeneser Fischer Viet Schult, Hans Kröger und Genossen durch ihren Vertreter von dem Vorfalle geben ließen: Sie hätten, erklärten sie, mit 9 Ewern am 3. Juni unweit Wangeroog ein Schiff, so in Noth war, schießen hören; obwohl ihre Ewer mit Fischen schon voll beladen gewesen, hätten sie doch nach dem Schiffe gesucht und es am 4. Juni Morgens früh bei Wangeroog ganz außerhalb des Fahrwassers nahe am Strande in 5 oder 6 Faden Wasser angetroffen. Das Schiff hätte eine Schau wehen lassen, um Hülfe zu haben; sie hätten diese entsandt und das Schiff in gefährlicher Lage vorgefunden. Nun hätten sie 4 Ewer beim Schiffe gelassen, wodurch deren Fische fast sämmtlich verdorben seien; die Mannschaft der 4 Ewer hätte das Schiff unter Segel und wohlbehalten auf die Elbe gebracht.

Da die Ladung des Schiffes angeblich 200000 ℔ werth war, verlangten die Berger außer dem Ersatz ihrer verdorbenen Fische, der versäumten Zeit u. s. w. mindestens 4000 ℔ Hülfslohn, begnügten sich indeß schließlich mit einer Abfindung von 900 ℔.

Der December des Jahres 1792 brachte mehrere entsetzliche Stürme und zahlreiche Schiffsverluste. Am 15ten bargen die Mannschaften von 9 Blankeneser Ewern vor der Elbmündung aus einem von Hull nach Amsterdam bestimmten Schiffe ansehnliche Mengen Wollenwaaren und brachten sie nach Blankenese, wo die Ewer vor Anker gingen. Aber in der Nacht vom 18. zum 19. December brach einer der stärksten Stürme aus, den man in hiesiger Gegend je erlebt hatte; gewaltige Massen schwerer Eisschollen wurden aufwärts getrieben, die Ewer wurden losgerissen und gingen zum Theil verloren, andere wurden schwer beschädigt und die geborgenen Waaren meist verdorben; nur mühsam retteten die auf den Ewern befindlichen Leute ihr Leben. Sie hatten also doppelten Schaden erlitten und baten den König, ihnen einen Theil davon aus dem Erlöse der verkauften Waaren zu ersetzen.

In der zu dem Zwecke verfaßten Bittschrift erklärten sie, daß die Blankeneser Fischer sich in die See wagten, wenn kein Seefahrender, kein sonst im Ruf stehender Helgoländer oder Curhavener sich hinauswagte. Sie hätten von dem Wracke bis zu den Ewern meilenweit gewatet und sich wie Lastthiere abgeschleppt. „Unser Betrieb, so heißt es in der Eingabe weiter, muß als eine Societät betrachtet werden, worin wir mit unserem Landesherrn und mit den Eigenthümern der geborgenen Güter stehen; nur hat diese Societät die ganz auffallende Abweichung von anderen Societäten, daß wir die Arbeit allein verrichten, ja sogar unser Leben dabei zum Preise setzen." Das Mindeste sei es, daß die höhere Gewalt von allen Gesellschaftern gemeinsam getragen werden müsse; deshalb dürften sie den Verlust durch den zweiten Sturm nicht allein tragen. Da die Pinneberger Behörde das Gesuch befürwortete, wird es wohl bewilligt worden sein.

Die Blankeneser Fischerei in der Franzosenzeit. Die lange Kriegszeit zu Anfang unseres Jahrhunderts ist, wie für die Entwickelung ganz Deutschlands, so auch für diejenige unseres kleinen Blankenese's von weittragender Bedeutung gewesen: auf sie führt der Beginn des Verfalles der Blankeneser Fischerei zurück und andererseits auch der Anfang der Blankeneser Frachtschifffahrt. Zunächst haben wir es indeß nur mit ersterer zu thun.

Schon gegen Ende des vorigen Jahrhunderts begannen die Klagen über den Verfall der Fischerei an unseren Küsten. Mancherlei Umstände wurden dafür verantwortlich gemacht; doch besitzen wir aus dieser Zeit keine eigentliche Untersuchung der auffallenden Erscheinung. Erst aus dem Jahre 1813 ist ein amtlicher Bericht erhalten, der den Verlust der Fischerei an der holländischen Küste als die Hauptursache bezeichnet.

Die beste und einträglichste Fischerei, heißt es da, welche die Blankeneser von jeher getrieben haben, ist die an der holländischen Küste, wo die besten Fische, besonders

Schellfische gefangen werden. Aber seit Ausbruch des Krieges haben die Blankeneser sich als dänische Unterthanen aus den holländischen Gewässern entfernen und sich auf den Fischfang bei Amrum, Sylt und Fanö beschränken müssen. Dies haben die Hamburger (d. h. jedenfalls die **Finkenwärder**) Fischer benutzt und sich in den Besitz jener einträglichen Fischerei gesetzt. Nun müssen die Blankeneser, deren Fische von geringerer Qualität sind, sie wohlfeiler verkaufen und wohl gar unverkauft wieder vom Markte fortnehmen.

Der Beamte, der diesen Bericht verfaßte, wird wohl überhört haben, daß es sich nicht nur um die Fischerei an den holländischen Küsten, sondern auch um den A b s a t z auf den Holländischen M ä r k t e n handelte, der, wie wir wissen, eine Hauptursache des Aufschwungs der Blankeneser Fischerei gewesen war. Beides wird ohne Zweifel schon seit Eroberung der Niederlande durch die Franzosen (1794/95) abgenommen haben, weil die Engländer gewiß schon damals den zu Durchsteckereien aller Art Anlaß gebenden Verkehr der Blankeneser mit den feindlichen Gebieten verhindert haben werden.

Als dann später Napoleon das „Continentalsystem" d. h. das unbedingte Verbot der Einfuhr englischer Waaren erklärte, geriethen die Blankeneser umgekehrt und zwar nicht ohne Grund in den Verdacht, auf Helgoland einen schwunghaften Verkehr mit englischen Waaren nach dem Festlande zu betreiben. Die strengsten Strafen nützten nichts. Daher wurden die Fischer einem militärischen Reglement unterworfen. Einer von ihnen wurde zum Oberaufseher bestellt, ein anderer zum Vice-Oberaufseher; unter ihm dienten 14 Unterbefehlshaber; sie wurden persönlich haftbar gemacht für die genaue Befolgung der Instructionen, mußten über alle Wahrnehmungen Journal führen und berichten.

Wir besitzen noch eine Anzahl dieser Journale; aus ihnen geht hervor, daß die Blankeneser Fischerflotte damals nicht wie früher erst im Hochsommer, sondern schon gleich im März nach den nordfriesischen Inseln segelte, daß sie abtheilungsweise unter ihren Befehlshabern fischten, und daß es nur noch Einzelnen gelang, sich seitab zu schleichen. Wenn man nun noch die vielen Chicanen der Zollwächter berücksichtigt, wenn man hört, daß bald die Engländer, bald die Franzosen auf die bedauernswerthen Fischer Jagd machten und schossen, so ist damit der Rückgang der Blankeneser Fischerei mehr als ausreichend erklärt.

Zwar kam es immer noch vor, daß Blankeneser Ewer, deren Nummer zugedeckt und übermalt war, mit Contrebande aufgebracht wurden; doch stellte es sich dann mehrfach heraus, daß C u r h a v e n e r die Ewer für den Schmuggelbetrieb gekauft hatten.

Eine Zeit lang erwuchs den Fischern dadurch einiger Ersatz, daß seit 1799 (nicht wie meist gesagt wird, erst seit 1800), vor der Elbmündung gewaltige H e r i n g s - z ü g e anlangten; doch auch deren Verwerthung wurde mannichfach erschwert, und schließlich verloren sich die Züge wieder.

Selbst im Jahre 1813, als Hamburg durch die Russen eingenommen war, mußten die Blankeneser wiederholt vergeblich darum nachsuchen, ihr Gewerbe betreiben zu dürfen; dann gelangte Hamburg von Neuem unter französische Herrschaft, und Prinz Eckmühl verbot das Auslaufen aller Fahrzeuge; die Blankeneser klagten erbärmlich, jetzt seien sie ganz ruinirt*); es half ihnen nichts. Erst im Jahre 1814 erhielten sie wieder die Erlaubniß, ihrem Gewerbe ungehindert nachzugehen und ihre Fische auf dem Altonaer Markte zu verkaufen. Doch der Verfall der Blankeneser Fischerei war jetzt nicht mehr aufzuhalten.

Weiterer Verfall der Blankeneser Fischerei. Nach Beendigung des Krieges muß es damit immer ärger geworden sein, denn in den Jahren 1827/28 war es allgemein bekannt, daß Blankenese und seine Fischerei seit Jahrzehnten sehr in Verfall gerathen war, in solchem Grade, daß die Fremden durch das Betteln der dortigen Kinder belästigt wurden.

Zwar gab es noch im Jahre 1822 in Blankenese nominell 168 Fischerewer (in Mühlenberg 14, in Teufelsbrücke 7), doch wurden davon viele schon nicht mehr zur Fischerei verwendet, und bis 1835 verringerte die Zahl sich auf 94, bis 1852 auf 60. So ist sie bis zum Jahre 1871 geblieben; dann erfolgte ein vorübergehender neuer Aufschwung, indeß ist hier nicht der Ort, von diesen der jüngsten Zeit ange-hörigen Entwickelungen zu sprechen.

Nur darauf sei zum Schluß noch recht ausdrücklich hingewiesen, daß die Blankeneser Fischerei die erste Hochseefischerei gewesen ist, welche Deutschland besessen hat, wenn man absieht von der Grönlandsfahrt, die ein ganz anders gearteter, kapitalistischer Betrieb war. In Blankenese entstand aus der hier seit Alters ansässigen kleinen Elbfischerei urwüchsig und stetig eine für damalige Zeit höchst großartige Seefischerei, die nur freilich, wenn wir genau zusehen, für ihre Zeit zu groß angelegt war; ihr heimisches Absatzgebiet war für ihren Umfang nicht ausreichend, umfaßte es doch lediglich die Städte Hamburg und Altona, die damals nur etwa 120000 Einwohner hatten. Die Blankeneser Fischerei mußte deshalb ihren Absatz im Auslande suchen, und als dieser ihr genommen wurde, konnte sie in bisheriger Größe nicht weiter existiren.

Die Blankeneser Fischerkasse. Es ist bisher ganz unbekannt geblieben, daß in Blankenese eine Versicherungskasse für Fischerfahrzeuge schon seit 1809 besteht; sie ist mithin um ein volles Vierteljahrhundert älter als die nächstalte Fischerkasse, diejenige von Finkenwärder. Ihre Begründung verdankt sie hauptsächlich dem ungemein tüchtigen Blankeneser Kirchspielvogt Copmann, der sich auch sonst manche Verdienste um Blankenese erworben hat.

Die Blankeneser „Ewerkasse" begann mit nur 58 Theilnehmern, deren Zahl sich aber schon 1816 bis auf 136 vermehrt hatte.

Ursprünglich sollte sie bei Verlust eines Ewers dem Fischer oder seiner Familie nur „eine billige Beihülfe" bezahlen, außerdem verarmten Fischern oder deren Wittwen

---

*) Noch damals (Herbst 1813) ereignete es sich sogar, daß ein alter Blankeneser Fischer Namens Jochim Mewes auf geringe Ursache hin von dem Lieutenant einer dänischen Kriegsbrigg bei Glückstadt jämmerlich mit 27 Hieben mit dem Tau mißhandelt wurde.

eine angemessene Unterstützung gewähren. Erst 1820 wurde festgesetzt, daß ein neuer Fischerewer mit 3000 ₰ bewerthet, jährlich 100—150 ₰ an Werth verlieren und der erlittene Schaden mit zwei Dritteln des Werthes von der Kasse vergütet werden solle.

Im Jahre 1827 hatte die Kasse 170 Interessenten, unter denen sich indeß schon viele Frachtfahrer befanden, was zu mannichfachen Streitigkeiten Anlaß gab und die Kasse schließlich fast sprengte. Erst in den Jahren 1827—1830 wurde sie reconstruirt. Damals (1830) gehörten ihr 78 Interessenten an, welche zusammen 1154 Reisen machten; jeder Ewer machte also im Durchschnitt 15 Reisen, so auch in den folgenden sieben Jahren (jetzt macht einer der neuen schnellsegelnden Kutter im Jahre wohl 25—30 Reisen); dabei erhielten die Ewer gerade seit 1830 schon eine veränderte Bauart, welche ihnen schnellere Fahrt ermöglichte.

Interessant ist das aus dem Rechnungsbuche der Kasse ersichtliche allmähliche Steigen des Werthes der Ewer. Im Jahre 1787 kostete ein solcher, wie wir wissen, neu 2400—3000 ₰, und mit 3000 ₰ war ein neuer Ewer auch noch 1820 zu versichern. Im Jahre 1855 war der Versicherungswerth erst auf 3400 ₰ gestiegen, 1867 belief er sich auf 4000 ₰, 1874 dagegen auf 7000 ₰. So ist der Werth seitdem geblieben. Die Abschreibung betrug meist 100 ₰ jährlich.

Auch die Beiträge haben oftmals geschwankt; indeß wurde seit 1848 durchschnittlich im Jahre 1% von der Versicherungssumme erhoben und doch ein ansehnliches Vermögen gesammelt. Im Jahre 1871 wurden an die Interessenten wegen des durch den Krieg erlittenen Schadens 72 Thaler für jeden Ewer als Vorschuß vertheilt, zusammen 11 160 ₰, fast ein Drittel des damaligen Vermögens.

Die Blankeneser Lootsen. Den Blankeneser Fischern, die auf der Elbe bis in die See täglich verkehrten, mußten natürlich die hier vorhandenen Sände und Untiefen wohlbekannt sein, weshalb sie seit Alters gelegentlich als Lootsen verwendet wurden, wie denn einzelne solche Fälle auch überliefert sind. Indeß mußten sie dadurch je länger, je mehr mit den staatlich geprüften und angestellten Lootsen in Conflict kommen und diesen schließlich weichen, zumal die Staaten, welche jene privilegirten Lootsen anstellten, bei Aufrechterhaltung ihrer Privilegien auch finanziell betheiligt waren.

Die vorhandenen Acten reichen nicht aus, um alle die vielen langen Streitigkeiten zu verfolgen, welche die Blankeneser Fischer namentlich in der zweiten Hälfte des vorigen Jahrhunderts einerseits mit der im Jahre 1745 errichteten Oevelgönner und Neumühlener Lootsen-Brüderschaft*), andererseits — wegen des Seelootsens — mit den Helgoländern auszufechten hatten.

Gegenüber der Oevelgönner und Neumühlener Lootsen-Brüderschaft wurden die Rechte der Blankeneser endlich 1785 dahin festgesetzt, daß 10 von den 50 holsteinischen Hauptlootsen in Blankenese wohnen durften und von der Brüderschaft als ordentliche

---

*) Vergl. hier die von dem Lootsen-Aeltermann Peter Hoppe bei W. Volckens, Neumühlen und Oevelgönne (Altona 1895) veröffentlichten Mittheilungen, die freilich nur auf den Materialien der einen Partei beruhen und den Standpunkt der Blankeneser nicht erkennen lassen.

Mitglieder aufgenommen werden mußten. Zu diesen 10 Hauptlootsen kamen dann noch 4 Nebenlootsen aus Blankenese, welche Zahlen mit geringen Schwankungen bis zur Gegenwart unverändert geblieben sind.

Auch gegenüber den Helgoländern wurden in den Jahren 1784—1786 die Befugnisse der Blankeneser abgegrenzt, was aber nicht hinderte, daß nach wie vor viele Streitigkeiten stattfanden.

Die erste Wahl von Blankeneser Lootsen nach jener Feststellung fand am 29. Januar 1787 statt; das darüber aufgesetzte Protokoll enthält folgende Tabelle über die Candidaten für die vakante Stelle:

Namen	Alter	Wie lange zur See gefahren?	Examinirt oder nicht?	Frau und Kinder
Jochim Mewes	59 Jahr	Nimmer z. See gefahren u. in 15 Jahren zu Hause gewesen.	Nicht	Keine
Hans Schult	32 Jahr	Nimmer z. See u. in 3 Jahren zu Hause.	Nicht	Frau u. 3 Kind.
*Hinrich Schulte	39 Jahr	Nicht mit großen Schiffen gefahr. u. noch in der Fahrt.	Examinirt	Frau u. 4 Kind.
**Claus Breckwoldt	42 Jahr	1763 u. 1764 mit großen Schiffen nach Mittelländschen See gefahren u. fährt noch mit einem Fischerewer.	Nicht	Frau u. 3 Kind.
Franz Tiemann	33 Jahr	Nein, ist sonst noch in Fahrt mit einem Ewer.	Nein	Keine Kinder
Thies Stehr	52 Jahr	Nein, bloß m. Ewer gefahr.	Nein	5 Kinder
Jochim v. Ehren	44 Jahr	Nein, bloß mit Ewers.	Nein	4 Kinder
Harm v. Ehren	36 Jahr	Eine Reise als Jung auf Irland gemacht, sonsten mit Ewer.	Nein	4 Kinder
Hans Bohn	46 Jahr	Bloß mit Ewers.	Nein	3 Kinder
Paul Breckwoldt	50 Jahr	Eine Reise nach Bordeaux als Loos 1783.	Nein	6 Kinder
Claus Breckwoldt	48 Jahr	Nein, bloß als Loots mit einem Ewer auf der Elbe.	Nein	2 Kinder
Viet Timm	35 Jahr	Nein, bloß mit Ewers.	Nein	Keine
Hans Breckwoldt	49 Jahr	„ „ „ „	Nein	8 Kinder

*) Als Lootse durch das Loos gewählt.

**) Als erster Lootse gewählt; mußte 1789 obrigkeitlich aufgefordert werden, sich dem Lootsengewerbe zu widmen, widrigenfalls er seiner Bestallung verlustig gehen würde.

Namen	Alter	Wie lange zur See gefahren?	Examinirt oder nicht?	Frau und Kinder
*Arend Bauch	48 Jahr	Nicht anders als Loots und mit Ewer.	Ja	6 Kinder
Friedr. Breckwoldt	56 Jahr	Nicht anders als Loots und mit Ewer.	Nein	3 Kinder
Hans Piper	59 Jahr	Nicht anders als Loots in 16 Jahren.	Nein	3 Kinder
Viet Piper	46 Jahr	Nicht anders als mit Ewer.	Nein	8 Kinder
Hein Breckwoldt	36 Jahr	„ „ „ „ „	Nein	4 Kinder
Joh. Breckwoldt	47 Jahr	„ „ „ „ „	Nein	2 Kinder
Peter Stehr	34 Jahr	„ „ „ „ „	Nein	2 Kinder
Paul Tiemann	38 Jahr	„ „ „ „ „	Nein	4 Kinder
Viet Schulte	42 Jahr	„ „ „ „ „	Nein	4 Kinder

Als sich im Jahre 1792 die Helgoländer wieder einmal über unbefugtes Lootsen der Blankeneser beschwert hatten, erstattete der Pinneberger Landdrost von Levetzau einen ausführlichen Bericht, worin er die Beschwerde zurückwies, weil sie nicht näher begründet sei; gegenüber der Beschuldigung der Helgoländer, die Blankeneser würden wohl falsch aussagen, stellte der Drost den letzteren das folgende Zeugniß aus:

„Es gereicht zur Ehre der Blankeneser, daß niemals, solange man sich besinnen kann, ein falscher Eyd von ihnen abgelegt worden, daß sie, welche beständig auf der See sich aufhalten und deshalb immer befürchten müssen, auf eine oder andere zufällige Art ihr Leben einzubüßen, nichts Heiligeres als den Eyd kennen und solchen abzulegen sich weigern bis aufs Aeußerste, wie sie denn auch endlich, wenn sie ein oder anderes Verbrechen begangen haben, solches sofort, als sie auf den Eyd gefordert werden, wovon ich die überzeugendsten Beweise gehabt, freywillig eingestehen." Ein besseres Zeugniß konnten die Blankeneser sich nicht wünschen, doch half es ihnen nichts in dem Streite mit den Helgoländern, die den Buchstaben des Gesetzes für sich hatten.

Im Jahre 1774 hatte die Oevelgönner und Neumühlener Lootsen-Brüderschaft beschlossen, die Blankeneser Lootsen nicht in die Wittwenkasse der Brüderschaft aufzunehmen, weil der Erfolg bisher gezeigt habe, daß diese Kasse dadurch einer schweren Last unterliegen würde. Aus der weiteren Begründung des Beschlusses erhellt, daß er durch unfreundliche Empfindungen gegen die Blankeneser Lootsen veranlaßt worden war. Als diese nun durchsetzten, daß ihrer zehn in die Brüderschaft aufgenommen werden mußten, erklärten sie doch 1786, sie wollten zur Wittwenkasse nichts steuern und auch keine Unterstützung daraus genießen.

Sie begründeten darauf Ende des Jahres 1796 eine eigene Blankeneser Wittwen=kasse, aus der dann bald auch eine besondere Brüderschaft entstand, die indeß im Wesentlichen ebenfalls nur Unterstützungszwecken und nicht, wie die Brüderschaft von

---

*) Hat gelootset. Er wurde noch im gleichen Jahre von den Helgoländern beschuldigt, ihre Gerechtsame verletzt zu haben, durch Auslootsen von 3 Schiffen in die Weser.

Oevelgönne-Neumühlen, direct den Aufgaben des Lootsengewerbes gedient hat. Sie besteht noch heutigen Tages.

Das erste Buch der Wittwenkasse beginnt mit folgendem Gedichte:

Soli Deo Gloria.

Weil hier der Lootsen Zahl war gänzlich ausgestorben,
So hat man jetzt durch Müh' und Richters Gunst erworben,
Daß nun ein fünfter Theil von 50 Lootsen-Glieder
Zu Blankenese jetzt bestimmt zu Lootsen wieder,
Durch welche dieses Buch und Wittwencaß errichtet,
Und worin künftighin sich jeder Loots verpflichtet,
Dem, was geschrieben steht, stets pünktlich nachzuleben.
Zum Fortgang dieser Zunft woll Gott den Segen geben.

Es bedurfte dann aber eines nochmaligen Streites mit der Brüderschaft von Oevelgönne-Neumühlen und erneuten Eingreifens der Obrigkeit, um der Blankeneser Kasse einen Antheil an den jener Brüderschaft durch Strafgelder wegen unerlaubten Lootsens zufließenden Einnahmen zu sichern. Erst 1799 wurden der Kasse 570 ℳ von diesen Strafgeldern ausgezahlt, und erst dann konnte sie als wirklich begründet gelten, da sie aus den Beiträgen der wenigen Blankeneser Lootsen nicht hätte existiren können. Die ersten Aeltermänner waren Peter Stehr, Peter Mewes und Arend Bauch.

Die Beiträge zur Kasse wurden anfänglich für jedes gelootste Schiff festgesetzt, dann wurde ein bestimmter Jahresbeitrag ausgeschrieben. Aber am 27. December 1804 wurde, da wegen der damaligen Elb-Blockade ein solcher Satz nicht bestimmt werden konnte, beschlossen, daß jeder Lootse 1 % vom Verdienste beisteuern solle. Dies ermöglicht uns, das Verdienst der Lootsen für damalige Zeit zu ermitteln. Im Jahre 1805 stellte es sich trotz der Blockade bei den Hauptlootsen durchschnittlich auf 1800 ℳ, bei den Nebenlootsen auf 475 ℳ; aber in den folgenden Jahren war es weit geringer und betrug im Jahre 1811 nur 75 ℳ, während in den Jahren 1812 und 1813 gar nichts verdient wurde.

Erst 1814, nach Beendigung des Krieges, hob sich das Verdienst wieder auf durchschnittlich 850 ℳ bei den Hauptlootsen und blieb so ungefähr bis 1825. Weitere Epochen des Aufschwungs waren die Zeiten seit 1841 und namentlich seit 1853; in der Periode 1853—1864 scheint sich das Verdienst der Lootsen verdoppelt zu haben, wobei freilich das damalige starke Sinken des Geldwerthes in Folge der Entdeckung der californischen Goldfelder zu berücksichtigen ist. Immerhin ist es gar keine Frage, daß das mühsame und verantwortungsreiche Lootsengewerbe im Laufe unseres Jahrhunderts sich durchschnittlich einer Steigerung seines Ertrages zu erfreuen gehabt hat, welche nicht nur der erhöhten Schwierigkeit seiner Ausübung, sondern auch der erhöhten Lebenshaltung unserer Zeit zu entsprechen geeignet ist.

Blankeneſer Matroſe.
Von Bantelmann.

Die Blankeneſer Frachtſchifffahrt. Einzelne Frachtfahrten Blankeneſer Fiſcher werden von jeher vorgekommen ſein, wie denn z. B. 1789 gelegentlich erwähnt wird, Jürgen Breckwoldt aus Blankeneſe ſei mit Weizen nach Amſterdam gefahren. Ferner beſtand ſeit Alters ein ſteter Zuſammenhang mit der Frachtſchifffahrt dadurch, daß die Blankeneſer dieſer als Lootſen und vielfach auch als Seeleute dienten. Aber eine ſelbſtſtändige, berufsmäßige Frachtſchifffahrt von Blankeneſern entſtand erſt, als die Niederlande 1795 unter franzöſiſche Herrſchaft geriethen, und ihre Schiffe von den Engländern als feindliche behandelt wurden, was den Verluſt des größten Theiles ihrer Schifffahrt herbeiführte.

Damals kamen zahlreiche niederländiſche Schiffe unter däniſche Herrſchaft, und auf ſolche Weiſe gelangten auch Blankeneſer Fiſcher, die ja, wie wir wiſſen, in den Niederlanden viel verkehrten, in den Beſitz kleiner Frachtfahrzeuge; erwähnt werden 1796 und 1797 die folgenden:

Name des Schiffes	Commerzlaſt	Rheder	Schiffer
Johanna Eliſabeth	25	Peter Breckwoldt	Rode
Frau Maria	25	C. Breckwoldt	Bryland
Baabet (?)	28	T. Breckwoldt	H. de Jonge
S'landts welvaaren	26	Paul Breckwoldt	Roeſt
De vrouw Eliſabeth	24	Hans Peter Breckwoldt	?
De jonge Johanna Maria	16	Frdr. Breckwoldt	?
Frau Antje	23½	Hans Breckwoldt	?
De jonge Adrianus	28	J. S. Danielſen	Verbrugge
Gerhardus	28	H. Jenſſen	Tinen
De jonge Paulus	25	„	Scheffers
De jonge Bernardus	28	„	Roeſt
De jonge Dortmann	28	Hans Schult	Van Keulen
De jonge Jacobus	28	Hans Bornhold	Heubuck
Anna Eliſabeth	28	Ties Spießen	Nyke.

Es iſt indeß nahezu ſicher, daß dieſe Fahrzeuge nur zum Scheine Blankeneſern gehörten, thatſächlich aber den Holländern, die als Schiffer aufgeführt werden, wie ſie denn offenbar hauptſächlich zwiſchen der Elbe und den Niederlanden verkehrten. Jedenfalls blieb kein einziges der erwähnten Schiffe im Beſitze von Blankeneſern, als ſchließlich auch Dänemark in den Krieg verwickelt wurde. Doch iſt es andererſeits ebenſo gewiß, daß die Blankeneſer durch jene Epiſode lernten, wie vortheilhaft die Frachtſchifffahrt zumal in Kriegszeiten ſei, und daß unter allen Umſtänden mehr damit verdient werden konnte, als mit der verfallenden Fiſcherei.

Aus dem Jahre 1806 besitzen wir ein Verzeichniß der in Blankenese und Mühlenberg beheimatheten Frachtfahrzeuge, welches zeigt, daß damals jedenfalls schon eine Anzahl solcher Fahrzeuge im wirklichen Eigenthume von Bewohnern dieser Ortschaften sich befanden; doch waren das freilich noch erheblich kleinere Schiffe als diejenigen der Jahre 1796 und 1797. Wir lassen das Verzeichniß von 1806 hier folgen:

Blankenese.

Name des Schiffes	Bauart	Commerzlast	Bauort	Baujahr	Schiffer
Die gute Hoffnung	Schiff	15	Jest (Westfriesl.)	1800	Harm Pieper
Die Frau Ilsabe *)	Ewer	14½	Rostock	1790	Lütje Pieper
Die Freundschaft **)	Kuff	12	Papenburg	1799	Nanning Nannings
Die gute Erwartung	„	11	„	1784	Hein Dreyer
Die Einigkeit	Tjalk	11	„	1795	Joh. Breckwoldt
Die Hoffnung	Ewer	8	Teufelsbrücke	1801	Heinr. Köster
Die Hoffnung	„	5½	„	1800	Peter Breckwoldt jr.
Die 3 Gebrüder	„	5	„	1796	Anton Gährs
Die Hoffnung	„	5	Schulau	1804	Hinr. Möhlmann
Elisabeth	„	5	Finkenwärder	1802	Jochim Stehr
?	„	4½	Altona	1780	H. J. Möhlmann sen.
Die Freundschaft	„	3½	Glückstadt	1794	Peter Breckwoldt sen.
?	„	3½	Altenlande	1794	Hans Kröger (Holl.)
Frau Margretha	„	3	„	1794	Jürgen Kröger (Holl.)

Mühlenberg.

Name des Schiffes	Bauart	Commerzlast	Bauort	Baujahr	Schiffer
Die 4 Gebrüder	Ewer	8½	Teufelsbrücke	1779	Ulr. v. Riegen
Die 2 Gebrüder	„	8	„	1779	Hinr. Köster
Die 2 Geschwister	„	6	Schulau	1806	Thies Plaas
Die Vereinigung	„	5½	Teufelsbrücke	1800	Franz Kruse
Jochim Meyer	„	5	Schulau	1801	Jochim Meyer
Hans Oestmann	„	5	„	1800	Hans Oestmann
Die Frau Maria Elisabeth	„	5	„	1800	Alb. Möhlmann A.S.
Catharina Maria	„	5	Teufelsbrücke	1794	Jochim Oestmann
?	„	5	„	1794	Alb. Möhlmann H.S.
Die Wohlfahrt v. Mühlenb.	„	5	Schulau	1799	Math. Meinert
De jonge Johann Peter	„	4	Teufelsbrücke	1795	Joh. Peter Jahrs
?	„	4	Altona	1796	Franz Langeloh
De goode Verwachting	„	4	Teufelsbrücke	1794	Hs. Jac. Möhlmann
Die Liebe	„	5	Wittenbergen	1806	Franz Martens.

*) Jetzt verunglückt.
**) Eigentlich David Pieper gehörig.

Ein kleiner Theil dieser Fahrzeuge war allerdings schon älter als 1795; aber die meisten waren erst später und wohl noch mit etwas zagendem Herzen angeschafft, wie die häufige Wiederkehr des Namens „Hoffnung" ahnen läßt; an die Zeit um 1795 erinnern nur noch einzelne holländische Namen; im Uebrigen hat Alles jetzt einen heimathlichen, urwüchsigen Character: Die Fahrzeuge sind meist in der Nachbarschaft gebaut und haben fast durchweg die altgewohnte Bauart und Takelung eines Ewers; auch die Bemannung besteht fast durchweg, wie die der Fischerewer, aus dem Schiffer, einem Knecht und einem Jungen; nur die „Gute Hoffnung" des Harm Pieper hat noch einen Steuermann.

Die Fahrten der Blankeneser Schiffe scheinen sich, seitdem Dänemark in den Krieg verwickelt war, — abgesehen von gelegentlichen heimlichen Umgehungen oder Durchbrechungen des französischen Continentalsystems und der englischen Elb-Blockade — auf den Verkehr mit dänischen Plätzen beschränkt zu haben. So hören wir, daß Hinr. Köster aus Blankenese 1810 mit seiner „Hoffnung" Bauholz und Sandsteine nach Husum, Lorenz Tiemann 1812 mit der „Vereinigung" Hafer nach Kopenhagen brachte, und daß letzterer von dorther Eisen, Theer, Blei, Korinthen nach Altona zurücknahm.

Mit Beendigung der Kriegszeit wurden die Fahrten alsbald weiter ausgedehnt; so führte Jürgen Kröger mit dem Ewer „Die Frau Margaretha" schon im Herbst 1813 Marschhafer und Rappsaat von Husum nach Varel; dieser Ewer wurde später an Heinrich Spiesen verkauft, der vorher darauf als Knecht gefahren hatte, ein neues Zeichen, wie urwüchsig die Blankeneser Schifffahrt sich entwickelte.

Im Jahre 1816 fuhr Biet Mewes mit „De vrouw Boucken" (12 Commerzlast) von Otterndorf, Wilster und Büsum nach Amsterdam, Ties Spiesen mit „Die 2 Geschwister" (14 Commerzlast) von Hamburg und Altona nach Amsterdam, die „Einigkeit" von Anton Gährs (11 Commerzlast), die 1811 von Hamburg nach Kiel und Kopenhagen gefahren war, verkehrte jetzt zwischen Wischhafen und Amsterdam, die „Gute Hoffnung" von Harmen Pieper — noch immer offenbar das größte Blankeneser Schiff — gar zwischen Danzig und Amsterdam. So war es zunächst wiederum der Verkehr mit den Niederlanden, der die Blankeneser Schifffahrt vorzugsweise ernährte. Im gleichen Jahre 1816 erhielten die Statuten der Blankeneser Ewerkasse einen Zusatz, in dem gesagt wurde, daß viele Fischerewer Frachtfahrten machten und davon einen guten Verdienst hätten.

In dem folgenden Jahrzehnte schritt diese Entwickelung in Folge des weiteren Rückgangs der Fischerei immer rascher vorwärts, und 1827 wird mitgetheilt, daß fast ein Drittel der zur Kasse gehörigen Ewer für die Frachtfahrt eingerichtet wäre; doch enthielt diese Zahl damals schon eine Reihe größerer Fahrzeuge, die überhaupt nicht mehr als „Ewer" hätten bezeichnet werden sollen. Als bald darauf die Frachtfahrer eine „Neue Ewerkasse" (den späteren „Ersten Versicherungs-Verein") begründeten, wurden bei ihr 45 Schiffe von zusammen 203 500 ℳ Taxationswerth versichert, sodaß jedes dieser Schiffe durchschnittlich 4500 ₥ werth war; das größte hatte bereits einen Werth von 11000 ₥; es war die „Anna Elsabe" von Hans Schade d. J.

In den dreißiger Jahren bildeten England und die Ostsee noch die äußersten Grenzen der Blankeneser Schifffahrt. Das größte Schiff war allerdings jetzt schon ein Schooner von 51½ Last (= 100 heutigen Reg.-Tons), und daneben gab es noch eine kleine Zahl weiterer Schooner; aber bei weitem die meisten Fahrzeuge waren noch Ewer und sonstige kleine Schiffe von 10—30 Last; deren gab es z. B. 1835 bereits nicht weniger als 124.

In den vierziger Jahren nahm, wie etwas früher schon die Hamburger, so jetzt auch die Blankeneser Rhederei dadurch einen wesentlichen Aufschwung, daß das alte „Kolonialsystem", welches die fremden Flaggen von dem Verkehre mit den Kolonien ausgeschlossen hatte, beseitigt worden war, daß insbesondere England seine exclusive Navigationsacte immer mehr milderte und zuletzt ganz abschaffte. Die Fahrten der Blankeneser Schiffe gingen nun allmählich immer weiter, und dementsprechend mußte auch ihre Größe zunehmen.

Das größte Fahrzeug der vierziger Jahre war der 1843 gebaute Schooner „Maria" von Hein Kröger; er hatte 75 Commerzlast Tragfähigkeit, eine Kupferhaut, was damals noch eine ziemliche Seltenheit war, und einen Taxationswerth von 30000 ₥. Cour. Die Zahl der Fahrzeuge über 30 Last betrug 1848 schon fast 100, die Gesammtzahl der Frachtfahrer 184, die höchste Zahl, die Blankenese je besessen hat*); dagegen nahm die Größe der einzelnen Fahrzeuge immer weiter zu: um 1850 erscheinen als größte Schiffe: Friedr. Kölln's Brigg „Auguste" und Hans Breckwoldt's Brigg „Ora", beide von 77 Commerzlast, wieder einige Jahre später Peter Schade's Brigg „Agathe" von 79 Commerzlast und Hans Oestmann's Brigg „Juliane" von 87 Commerzlast. So ging es weiter: Alle Jahre wurden jetzt für Blankeneser Rechnung immer stattlichere Schiffe gebaut oder von den unternehmenden Blankenesern alt gekauft. Schon 1853 betrug die Besatzung der Blankeneser Handelsflotte nicht weniger als 1500 Mann; damals war fast jeder männliche Bewohner des Ortes im Alter von 15 bis 50 oder 60 Jahren entweder Seemann oder Fischer, abgesehen von der nicht sehr erheblichen Zahl der Professionisten.

Im Jahre 1864, beim Ende der dänischen Herrschaft, besaß Blankenese folgende Frachtschiffe:

3	Dreimastschooner von	64, 96 u. 99	Last zu 5200 ₥	
11	Briggs	„	67½—94	Last
10	Schooner-Briggs	„	55—83	„
82	Schooner	„	36½—82½	„
15	Galeassen	„	25½—44	„
4	Galeas-Ewer	„	26½—30	„

---

*) Die dänische Statistik sonderte die Fischerewer nicht von den Frachtfahrern, weshalb die Zahl der letzteren manchmal höher angegeben wird, als richtig ist.

20 Ewer   von 10—34½ Last
 1 Galiote   „   24½   „
 8 Fahrzeuge unter 10 Last,

Zusammen 154 Frachtfahrzeuge von etwa 7300 Last*) (= rund 14200 Reg.-Tons).

Die Hauptstärke der Flotte beruhte auf den Schoonern von 40—70 Last Trag=fähigkeit; etwa die Hälfte aller Schiffe war unter 10 Jahre alt; das Durchschnitts=alter stellte sich indeß schon auf 15 Jahre (einschließlich der Fischerewer); das älteste der größeren Fahrzeuge war der Schooner „Elise", von H. Stehr und Mitrhedern, 46½ Last, bereits 1834 gebaut. Die Zahl der Schiffe war seit 16 Jahren um 30 gefallen, ihre Lastträchtigkeit dagegen um 2300 Last gestiegen.

Die damit gekennzeichnete Entwickelung hat dann noch etwa bis 1880 ange=halten, in welchem Jahre Blankenese 83 Schiffe von 17983 Reg.-Tons Trag-Fähig=keit besaß; aber diese stattliche Flotte war bereits innerlich stark entwerthet, der Verzweiflungskampf der Segler gegen die Dampfer schon zu Ungunsten der ersteren entschieden. Jetzt trat der Verfall bald auch äußerlich mit unheimlicher Schnelligkeit zu Tage: Blankenese besaß 1885 noch 52 Schiffe von 16544 Reg.-Tons, 1890 dagegen nur noch 25 von 8598 Reg.-Tons, 1893: 21 von 7849 Reg.-Tons, worunter allerdings schon 3 Dampfer von zusammen 1761 Reg.-Tons, das Ergebniß der Bemühungen einzelner unternehmender Männer. Möchten sie weitere Nachfolge finden!

Es ist lehrreich, daß ein kleiner Platz wie Blankenese, ein Dorf ohne eigenen Hafen, ohne Frachtverkehr, eine so bedeutende Rhederei erwerben, einer der wichtigsten Rhedereiplätze der deutschen Küste werden konnte, war doch die Blankeneser Rhederei Jahrzehnte lang erheblich größer als diejenige Altona's! Die Thatsache zeigt, was Unternehmungsgeist in dieser Richtung zu leisten vermag, wenn er auf der rechten seemännischen Grundlage beruht: wäre in Blankenese nicht der seemännische Geist durch die vorhergegangene bedeutende Entwickelung der Fischerei erstarkt, sicherlich hätte dort auch nicht eine so ansehnliche Rhederei entstehen können.

Alte Blankeneser Familien. Unser Quellenmaterial gestattet, die heutigen Familien unserer Landschaft bis zum Ende des 16. oder doch zum Anfange des 17. Jahrhunderts zurück zu verfolgen, vorausgesetzt, daß sie damals schon hier gewohnt haben. Dies ist für Blankenese bei folgenden Familien der Fall: Breckwoldt, Stehr, Bohn, Schuldt, Groth, Pieper, Tiemann, Lange und Barthmann. Das sind die ältesten jetzt noch bestehenden Blankeneser Familien. Woher sie stammen, ist einst=weilen nicht zu entscheiden; ihre Herkunft verliert sich im Dunkel der Zeiten.

Mindestens die Familie Breckwoldt muß in Blankenese schon geraume Zeit vor dem Ende des 16. Jahrhunderts ansässig gewesen sein; denn um diese Zeit trat sie schon in solcher Stärke dort auf, daß ihre Fortpflanzung in Blankenese mindestens

---

*) Die genaue Lastziffer ist nicht zu ermitteln, weil die Fischerewer mitgerechnet waren, die hier ausgeschieden werden mußten, was indeß bei der Lastziffer nicht ganz genau geschehen konnte.

für ein weiteres Jahrhundert außer Zweifel gestellt wird, zumal der Name — der in der ältesten Zeit gewöhnlich „Brekewoldt" (= „Breche den Wald" oder „Breche die Gewalt") geschrieben wird — an anderen Orten auch in der Nachbarschaft erst viel später vorkommt.

Die meisten Blankenese betreffenden Eintragungen im „Pinneberger Amtsbuche", dem alten Grund= und Schuldbuche der Grafschaft Pinneberg, aus dem Zeitraum 1582 bis 1630, beziehen sich auf Angehörige der Familie Breckwoldt oder führen doch solche Angehörige auf. Der erste, der genannt wird, ist Paul Brekewoldt*), der zweite Barthold Brekewoldt**) u. s. f. Auf solche Weise lernen wir eine lange Reihe

von Männern und Frauen dieses Namens kennen und bemerken auch, daß die Familie sich bereits eines für den Ort und Zeit nicht unansehnlichen Wohlstandes erfreute. So hatten z. B. im Jahre 1609 sechs Mitglieder der Familie in einem einzigen Dockenhudener Grundstücke Geld stehen.

Für das Jahr 1640 besitzen wir eine Liste aller selbständigen Einwohner der Ortschaft Blankenese; sie führt 45 Haushaltungs=Vorstände auf, von denen nicht weniger als 18 den Namen Breckwoldt tragen: Barthold, Friedrich, Hans, Hans, Hein, Heinrich, Heinrich, Jochim, Jochim, Jochim, Jochim Hans Sohn, Jürgen, Jürgen, Peter, Peter, Ties, Viet Jochims Sohn, Viet (Großbruch). Auf die hier so stark hervortretende Neigung zur Wiederholung der männlichen Vornamen und die daraus hervorgehende Nothwendigkeit, den Familien=Namen besondere Beinamen hinzuzufügen, wird zurückzukommen sein. Hier sei nur festgestellt, daß von

Blankeneserin. Von Bantelmann.

den 200—250 damaligen Blankeneser Einwohnern 1640 muthmaßlich 80—100 der Familie Breckwoldt angehörten. Auch um 1680 enthielt sie noch etwa ein Drittel der ganzen Einwohnerschaft, im vorigen Jahrhundert durchschnittlich etwa ein Sechstel, und auch jetzt ist sie noch immer die zahlreichste Blankeneser Familie, da sie ungefähr 70 Haushaltungen zu umfassen scheint.

---

*) Den 1. Septembris Anno 82 iß Pawel Brekewoldt furgetreden und vermeldet, dat ehr seinen dre Kindern 20 ₰ lüb. wegen ihrer Moder afgesecht, nemblich der Dochter 10 ₰ und iden Jungen 5 ₰ lüb., Kisten und Kisten-Pfandt. Und deweilen ime auch Annecke Gravers widderumb zu einer Ehefrawen thogesecht und verspraken, soll dieselbige zu einem Bruischatt 55 ₰ lüb., wilcher sobald die Kost gehalten wirdt, sollen erlecht werden. Mit todtlichen Erbfallen soll es gehalten werden wie im Landt ein Recht ist.

**) Den 4. Janury Anno 84 hefft Claus Jacobs seine Dochter Catharinen Bartholden Brekewoldt ehelich verspraken und thogesecht, gift ihr tho Brautschatt 150 ₰ lüb. (welkere nicht ehe erlecht und uthgegeven sollen werden, bet datt ihr Bruder Carsten Jacobs sich befriet), ein Ko, vier Schafe und ein Schwein, und sol Alles na Landes Gebruck geholden werden.

In weitem Abstande folgt auf sie die Familie Stehr, welche im Jahre 1640 6 Haushaltungen zählte (1680: 7, 1780: 27), und die auch jetzt noch die zweitzahlreichste Familie in Blankenese ist. An dritter Stelle kam früher die Familie Bohn (1640: 4, 1780: 20 Haushaltungen), die aber jetzt von den Schuldt's und Kröger's überholt worden ist. Die Schuldt's (ehemals meist „Schulte") waren 1640 mit 4, 1780 mit 7 Haushaltungen vertreten, und noch gegenwärtig giebt es in Blankenese über 30 selbständige Einwohner dieses Namens. Die Familien Groth, Pieper und Tiemann (damals „Tiedemann" genannt) zählten 1640 je 2, die Familie Lange nur einen Vertreter, während die Barthmann's zwar in der Liste von 1640 fehlen, aber in Blankenese schon 1614 erwähnt werden.

Wann die bisher genannten Familien sich in Blankenese ansiedelten, läßt sich nicht feststellen. Anders steht es mit den Familien Kröger, von Ehren, von Appen, Mählmann, Dreyer und Oestmann. Von ihnen wissen wir bestimmt, daß ihre Niederlassung in Blankenese erst im Laufe des 17. Jahrhunderts erfolgte.

Jochim Kröger, der erste, der diesen Namen in Blankenese führte, heirathete 1634 Mette Breckwoldt, die ihm 60 ₰ in die Ehe brachte und erst 1696 im Alter von 83 Jahren starb. Er hatte vier Söhne und eine Tochter. Im Jahre 1671 verkaufte er seinem Sohne Jürgen Haus und Hof, sammt dem Schapp mit 2 Thüren, dem Tisch, Backtrog und dem großen Kessel für 430 ₰, behielt sich aber für die Zeit seines Lebens die Hälfte des Hofes vor; den Antheil am Fährgelde (vergleiche S. 30) sollen beide Theile je zur Hälfte genießen; die Benutzung des Kessels soll dem Alten auf Lebenszeit zustehen, nach dessen Tode aber soll er verkauft werden und der Käufer Kaufnächster sein; die Wiese soll, wenn sie heute oder morgen verkauft wird, nur an den alten Jochim verkauft werden; die in dem Hause noch befindlichen 4 Dielen behält Verkäufer sich und seiner Frau für den Fall der Noth zum Sarge vor, will aber der Käufer sie nicht gerne missen, so soll er ihren Werth bezahlen. Der Sohn soll endlich seinem jüngsten Kinde Hinrich als Abstandsgeld für das Haus „wie es allhier gebräuchlich" 20 ₰ entrichten; die Schwester erhält 60 ₰ als Brautschatz.

Im Jahre 1676 heirathete Lorenz Kröger (auch ein Sohn von Jochim) Elsabe Tiedemann und kaufte für 50 Thaler Haus und Fischereigerechtigkeit von Harmen Schulte; auch hier behielt sich der Verkäufer nicht nur, wie üblich, für sich und seine Frau freie Wohnung auf Lebenszeit vor, sondern verpflichtete auch den Käufer, für ihn, den Verkäufer Schulte oder für seine Frau, falls diese zuerst sterben sollte, von den auf dem Boden des Hauses liegenden zwei Dielen einen Sarg anfertigen zu lassen, eine Verpflichtung, die sonst nur selten vorkommt.

In den folgenden zwei Generationen vermehrte die Familie sich derart, daß sie schon vor der Mitte des vorigen Jahrhunderts 16 Haushaltungen zählte; jetzt ist sie die drittgrößte Blankeneser Familie.

Die Familie von Ehren stammt aus Tönning; sie wird in den Nienstedtener Kirchenbüchern bis zum Ende des 17. Jahrhunderts stets „von Röhren, Raaren oder

Näähren" geschrieben, während im Pinneberger Amtsbuche sich schon früher die jetzige Schreibweise findet. Hein oder Heino von Ehren war mit seiner Frau Maria schon 1673 in Blankenese ansässig; er starb 1698 im Alter von 60 Jahren. Hans von Ehren, vielleicht ein Bruder des Ersteren, heirathete 1676 Elsabe Breckwoldt, Viets Tochter. Die Familie breitete sich im vorigen Jahrhundert auch in der Nachbarschaft aus und gehört immer noch zu den zahlreichsten in Blankenese.

Die von Appen's werden in Sülldorf, Esingen und Schenefeld bereits seit dem 16. Jahrhundert oft genannt; in Blankenese dagegen war der erste dieses Namens Hans von Appen, der 1699 genannt wird. Die Dreyer's, in der Nachbarschaft schon seit Alters ansässig (Dockenhuden, Nienstedten u. s. w.), tauchen in Blankenese erst um 1650 auf (Hans Dreyer, sein Sohn Claus seit 1680). Die Mählmann ("Mölmann"), ebenfalls schon früher in Dockenhuden, Nienstedten und Osdorf ansässig, trieben nach Blankenese um dieselbe Zeit (Peter Mölmann seit etwa 1670) einen Ableger. Die günstige Entwickelung der damals erst aus der Elbfischerei entstehenden Seefischerei veranlaßte eben manche arme, aber tüchtige junge Leute der Nachbarschaft, bei Blankeneser Fischern in Arbeit zu treten; später heiratheten sie Blankeneserinnen, machten sich selbstständig und wurden so Stammväter von Familien, die noch jetzt blühen.

Ganz anders beschaffen ist die Herkunft der Familie Oestmann. Deren Stammvater war ein Norweger Namens Engebrecht Torsten Östmann, der als dänischer Dragoner und zwar im Löwenthal'schen Regimente, dann als Grenadier von der Leib-Compagnie des Capitän-Lieutenant von Biber zu Blankenese um das Jahr 1690 einquartirt war und dort die Liebe von Mette Kröger, Jürgens Tochter gewann; er wurde mit ihr am 5. Januar getraut. Die Braut mußte mit einer Haube zum Altare gehen, was aber ihrer Nachkommenschaft nicht geschadet hat; denn diese ist jetzt nicht nur in Blankenese, sondern auch sonst an der Unterelbe zahlreich verbreitet. Der Stammvater betrieb einen Kramladen und befand sich 1719 in leidlichen Verhältnissen.

Die Familie Spiesen ist seit 1713 in Blankenese ansässig; Stammvater ist Hinrich Spiesen, der in genanntem Jahre Margarethe Breckwoldt heirathete.

Die Mitglieder dieser älteren Blankeneser Familien heiratheten meist unter einander: von 34 Blankeneser Ehen, die in dem Zeitraume 1610—1633 im Pinneberger Amtsbuche verzeichnet wurden, war nur bei 7 oder 8 der eine Theil nicht aus Blankenese gebürtig; bei allen übrigen gehörten beide Theile dem kleinen Kreise der damaligen Blankeneser Fischerfamilien an. So ist es dann noch lange geblieben. Sehr zahlreich sind auch in Blankenese von jeher Wiederverheirathungen von Wittwern und Wittwen gewesen; über ein Viertel jener 34 Ehen des Zeitraums 1610—1633 bestand aus zweiten Ehen.

Andere alte Familien der Landschaft. In Wedel ist namentlich die Familie Kock als altangesessen zu nennen; sie war dort schon vor dreihundert Jahren ſtark vertreten, mehr oder weniger auch die Familien Röttger, Ladiges, Brauer, Brügmann, Ramcke, Struckmeyer, Wulf, die ſämmtlich noch jetzt in Wedel vorhanden ſind. Etwas jünger iſt dort die Familie Körner. Dieſe letztgenannte Familie betrifft der folgende Eintrag im Pinneberger Amtsbuche aus dem Jahre 1689, der deshalb von Intereſſe iſt, weil wir aus ihm erſehen, welche Ausſtattung eine gut bemittelte Wedeler Bauerntochter damals in die Ehe bekam:

Ich Thomas Körner zu Wedel bekenne hier= mit, daß nachdem durch den unwandelbahren Rathſchluß Gottes meine lieben Haußfrau Ilſabe, Diedrichs Hopemans ehl. Tochter, durch den zeit= lichen Tod von der Seite abgeriſſen und mich nebſt einer Tochter in den Witben= und Wayſen=Standt hinterlaſſen. Wann ich denn nun durch den Willen Gottes mich anderwerts zu verehelichen, geſagter meiner Tochter Catharina aber, was ſelbige, wegen ihr ſeel. Mutter Brautſchatz Gelder von mir oder Beſitzer meines Hofes zu fordern, verſprechen wollen, als an Capital Einhundert und Sechzig Mark Lübiſch, welche 116 (!) ₰, wenn das Mägdgen ihr erſtes Jahr erreichet, von mir oder Beſitzer des Hofes ſollen verzinſet werden. Was aber ihrer ſeel. Mutter verlaſſene Mobilien, ſo anitzo noch vorhanden, ſolches iſt von den Vormündern

Bäuerin. Nach einer Zeichnung von J. W. Bantelmann.

beſehen und aufgezeichnet worden, welch Verzeichnuß die Vormündere auch nebſt den Schlüſſeln zu ſich genommen, damit ſolches dem Mädgden zum Beſten verwahret werde. Wann auch gedachte meine Tochter zu ihren mannbaren Jahren kommen und ſich nach des Höchſten Willen verheyrathen ſollte, verſpreche ich ihr zur Ausſteuer 1 Kuh, 1 Tonne Bier, 1 Seite Speck und 2½ Rthlr. zu einem Ochſen zu geben, welches ihr von mir oder Beſitzern des Hofes ſoll geliefert werden.

Specificatio der Mobilien, ſo vorhanden:

10 Tiſchlaken,
9 Bettlaken,
10 Handquehlen, davon ein roth, blau und weiß, 1 aber blau u. weiß,
8 Küſſenbüren,
8 Niederhemder,
14 Oberhemder,
8 Weiße Lein=Plathe,
16 Hauben,

5 Halstücher,
10 Niederkragen.

An Kleidern:

1 gantz ſchwartz Laken Kleid,
1 gantz Polnitten Kleid,
1 ſchwartz Laken Rock,
1 rother Laken Rock,
1 ſchwartz Raſchen Rock,
1 grün Beyerwand Rock,

2 Brustleibchen, 1 schwartz u. 1 rothes,

1 schwartz Berattein Platten,

1 Rauchen Muff,

3 Mützen, 2 bunte u. 1 schwartze,

1 schwartz Flohr,

1 Pahr rothe Strümpfe,

10 Stuelküssen.

An Betten:

1 Unterbette, 1 Decke, 1 Pfühl,

4 Orth Küssen und 1 Wiegendecke.

An Zinn:

1 große zinnerne Kanne,

1 zinnerne Schahle,

1 zinnerne Schüssel und

1 Kraut-Grapen,

1 Küste und 1 Lade.

Solche specificirte Mobilien soll der Bater Thomas Körner, da nach Gottes Berhängnus Krieg ins Land kommen solte, nebenst den Seinigen an gewissen Orth in Gewahrsam bringen.

In Dockenhuden, Nienstedten und Klein-Flottbek sind viele alte Familien durch die Umwandlung ihrer Höfe in Gärten und Parks längst verschwunden; doch sind immer noch Manche vorhanden. In Dockenhuden werden die Flottwedel um 1680, die Ramcke sogar schon 1589 erwähnt, in Nienstedten die Groth im 17. Jahrhundert, die Dammann, Eckhoff, Gerkens, Ritscher im vorigen Jahrhundert. Die Familie Jacobs oder Jacobsen — beide Formen kommen gleichzeitig neben einander vor — wohnte in Dockenhuden schon gegen Ende des 16. Jahrhunderts, in Nienstedten erst erheblich später.*) In Klein Flottbek wohnt die Familie Biesterfeld seit 1694 (Peter B. aus Gr. Flottbek heirathete Anna Beermann, Hans' Wittwe in Kl. Flottbek), die Familie Möller seit etwa 1705 (Jacob Möller, später Vogt), die Familie Soltau seit 1770 (vorher seit 1742 in Nienstedten, vergl. unten). Von manchen dieser Familien wird noch die Rede sein.

Die Blankeneser Beinamen. Eine interessante Blankeneser Eigenthümlichkeit sind die Beinamen von Männern mit gleichen Vor- und Familien-Namen. Die ersten kamen schon im 17. Jahrhundert auf. Häufig half man sich damit, daß man des Baters Bornamen als Unterscheidungsmerkmal hinzufügte z. B. Jochim Breckwoldt, Hans Sohn; doch ist uns schon 1640 ein Biet Breckwoldt mit dem Beinamen „Großbruch" begegnet, und etwas später finden wir die folgenden Namen:

Hinrich Breckwoldt (Schlachter),

Jochim Breckwoldt (Stubbenhocker),

Peter Breckwoldt (an Hellfolck),

Lafrentz Tiedemann (auf'm Berge),

Hans Breckwoldt (Lagahn),

Claus Steer (Noordump oder Rodump),

Frerck Breckwoldt (Holländer),

Hein Breckwoldt (Jsländer),

auch solche wie „Lühnfänger, Capitein, Hoimeyer" u. s. f. Viele von diesen Beinamen vererbten sich Jahrhunderte lang, einzelne hafteten sogar am Hause und gingen

---

*) Ob die Inhaber von „Jacob's" Wirthschaft dieser Familie angehören, ist zweifelhaft; schon der erste Inhaber wird (1795 ff.) stets „Jacob" geschrieben und seine Bornamen Daniel Louis weisen auf fremde Abkunft hin. Die Familie Ritscher stammt aus dem Bremischen: Wilhelm Ritscher, der erste in hiesiger Gegend, heirathete 1694 Magdalene Cordes in Nienstedten.

auf Nachbesitzer aus anderen Familien über; schließlich wurden sie auch von der Obrigkeit in amtlichen Dokumenten regelmäßig angewendet, sie gehörten eben zum Familien=Namen.

Aus einem im Jahre 1806 aufgenommenen gedruckten Verzeichnisse der Blan=keneser Ewer=Kasse=Interessenten seien die folgenden Beinamen angeführt:

1. Im Ostertheile von Blankenese:
   Hans Stehr (Ratjens),
   Hans Breckwoldt (Lütjens),
   Hans Breckwoldt (Lütjens jr.).
   Jochim Breckwoldt (Buhr),
   Viet Pieper (Löper),
   Viet Stehr (Salomon),
   Ties Bohn (op'n Kamp),
   Carsten Breckwoldt (Jock),
   Claus Breckwoldt (Buhr),
   Tobias Breckwoldt (Groot),
   Hans Breckwoldt (Groot),
   Peter Breckwoldt (Groot),
   Jochim Stehr (Ratjens),
   Hein Stehr (Ratjens),
   Hans Kröger (Mall).

2. Im Mitteltheile v. Blankenese:
   Hans Kröger (Mall),
   Claus Pieper (Riepmann),
   Claus Stehr (Mall),
   Hans Breckwoldt (Dütz),
   Johann Breckwoldt (Islander),

Casper Breckwoldt (Kolls),
Claus Stehr (Stäcker, sonst Stöcker),
Viet Stehr (Metjen),
Johann Breckwoldt (Dönner),
Hans Breckwoldt (Jock),
Hein Breckwoldt (Puspas),
Heinrich Stehr (Rodump),
Jürgen Stehr (Staffelt),
Hein Breckwoldt (Heicken).

3. Im Westertheile v. Blankenese:
   Jürgen Tiemann (Höcker),
   Johann Bohn (Lur),
   Hein Breckwoldt (Sölmer),
   Casper Bohn (Frenz),
   Jochim Pieper (Fadder),
   Joh. Breckwoldt (Dönner),
   Hans Breckwoldt (Fadder),
   Jochim Breckwoldt (Hay).

4. In Mühlenberg:
   Jürgen Kröger (Münstermann),
   Claus Kröger (Münstermann),
   Jochen Breckwoldt (Bohn).

Erst in neuester Zeit sind die Beinamen verschwunden, vereinzelt wohl auch zu wirklichen Familien=Namen geworden.

Allerlei. Im Jahre 1631 wird eine Vogelstange erwähnt, belegen zwischen Dockenhuden und Blankenese. In der damaligen Kriegszeit übten sich Bürger und Bauern allerorten mit besonderem Eifer im Schießen, wozu man solche Vogel=stangen benutzte.

Im Jahre 1667 den 20. Martij ist Jochim Breckwoldt der Jüngere von Blankenese, welcher 6. dito in dem gräulichen, denkwürdigen und höchst schädlichen Ostern=Sturm und unerhörten Märzenfrost und grimmiger Kälte unsern Frei=burg jämmerlich erfroren und ums Leben kommen, auch folgenden Tages am Deiche daselbst eingescharrt, aber wieder ausgegraben und anhero gebracht (nach Nienstedten), darauf allhier christlich begraben.

Anno 1685 den 4. April ist zu Rissen einem Zigeuner oder sogenannten Tatern Peter Jansen von seiner Frauen Annen Marien ein Sohn geboren, welcher den 16. dito allhier getauft und Johann Wilhelm genannt worden, dessen Gevattern gewesen: Herr Heinrich Pipgraß, Verwalter zur Haßburg, Herr Casper Doese, Fähr= mann zu Blankenese, Frau Anna Fabricius zu Neuenstedten (die Frau des Pastors). Augenscheinlich war die Taufe des kleinen Taternkindes eine Angelegenheit von Bedeutung.

Nicht ohne einiges Interesse ist ein kurzer Blick in das „Haßburgische Bruch= Register", das die Bestrafung kleinerer Vergehen angiebt: Im Jahre 1699 hat der Tagelöhner Philipp Dücker in Wedel einen Thaler Strafe zu bezahlen — für da= malige Zeit schon eine hohe Strafe! — weil er Ostern Torf gegraben hatte; er giebt vor, er habe an einem anderen Tage keine Pferde bekommen können. — Mette Krögers und Anna Krögers in Blankenese nebst Margaretha Mewes haben mit Annen Breckwoldt „Schlagerey" gehabt; der letzteren ist von der Mewes ein Loch in den Kopf geschlagen; zwei der Frauen als Anfänger des Streites bezahlen je ½ Thaler, die Mewes hat den Arztlohn zu tragen. — Im Jahre 1685 klagt Melchior von Zerßen's Frau aus Blankenese, daß des Vogts Claus Brandenburg Frau Mette sie blutig geschlagen und gekratzt, daß der Vogt selbst sie den Berg hinuntergeworfen und sie mörderlich tractirt habe; auch sei ihr von den Branden= burgischen Kindern viel Unfug zugefügt worden. Der Vogt erhebt Widerklage wegen ähnlicher Gewaltthätigkeiten. Beide Theile werden bestraft.

Im Jahre 1693 kam es vor, daß ein Mann Namens Hans Wagener bei seinen Nachbarn wegen einer Krankheit nicht Unterkunft erlangen konnte, weßhalb ihm auf seine Bitte ein Ort am Berge im Osten von Blankenese außerhalb des Dorfes angewiesen und gestattet wurde, dort Pfähle zu einer kleinen Hütte einzugraben.

Die Pinneberger Gerichtsprotokolle ergeben ebenfalls eine bescheidene Ausbeute: So erscheint 1684 Hinrich Brauer aus Wedel vor Gericht und klagt, daß Marie Breckwoldt gesagt habe, seine verstorbene Schwiegermutter Engel von Aken aus Ochsenwärder sei eine offenbare Hexe gewesen. Vor Gericht hält die Beklagte ihre Beschuldigung aufrecht und beruft sich auf mehrere Zeugen, welche sich in gleichem Sinne geäußert hätten, darunter auch nahe Verwandte der angeblichen Hexe; diese sei überraschend schnell reich geworden, was ihr in Ochsenwärder solche Nachrede verschafft habe. Leider bricht hier das Gerichtsprotokoll ab.

Im gleichen Jahre beschwerte sich der englische Gesandte in Hamburg, Monsieur Chelton, daß er bei seiner Lustreise in verschiedenen Ausritten fast keines einzigen Hasen ansichtig geworden, geschweige denn eines habhaft geworden sei; die Hauptschuld daran trage der königliche Commissarius Schultze, der mit 2 Windhunden und einem „Stöver", auch 3 Kerlen, so Röhre gehabt, zwischen Ottensen und der Teufelsbrücke auf die Jagd geritten und wie er darüber zur Rede gestellt, zur Antwort gegeben habe, daß er als königlicher Commissarius ein wenig aus=, nicht aber auf die Jagd ritte; dann habe er noch gesagt, im vorigen Herbste hätten einige Engländer bei der Teufelsbrücken einen von des Commissarius Hunden, der einen Hasen gefangen und halb aufgefressen haben solle, todtgeschossen und dergleichen mehr. Die Beschwerde hatte Erfolg: dem Commissarius wurde das eigenmächtige Jagen streng untersagt.

Den in Hamburg wohnenden Engländern stand von jeher die Jagdfreiheit in der Grafschaft Pinneberg zu und wie mannigfache Berichte zeigen, machten sie davon fleißig Gebrauch. Im Jahre 1740 wurde eine Untersuchung darüber angestellt, wie die Englischen Merchant Adventurers in Hamburg zur Jagdfreiheit in der Grafschaft gekommen seien; es scheint, daß sie die Freiheit schon im 16. Jahrhundert erworben hatten.

Mühlenberg. Ursprünglich befand sich hier nur eine — schon im 15. Jahrhundert erwähnte — Wassermühle nebst Mühlenteich ganz unten am Strande. Sie gehörte mindestens seit 1622 der Familie Rickborn, die später meist Richtborn genannt wurde. Bis 1750 blieb die Mühle im Besitze dieser Familie, ging dann durch Heirath auf die Familie Meyer über, kam gegen Ende des vorigen Jahrhunderts auf gleiche Weise an Brampähl und schließlich an Jacob John, der sie in eine Dampfmühle verwandelte; etwa von der Mitte des vorigen bis zur Mitte unseres Jahrhunderts war damit auch eine, weiter östlich auf der Flur „Hummelsbüttel" belegene Windmühle verbunden, an deren Stelle dann der Senator Godeffroy sein stattliches Schloß erbaute. Oestlich von der Wassermühle, auf der „Bost", befand sich auf Grund einer Concession von 1737 die Amidamfabrik von Isaac Denner, die um 1750 in eine Brauerei verwandelt werden sollte, thatsächlich aber in eine Ziegelbrennerei verwandelt wurde. Weiteres vergleiche in dem Abschnitte über die Elbgärten.

Gegen Ende des 17. Jahrhunderts begannen sich in dem stillen Thale noch andere Menschen anzusiedeln. Anfangs nur Fischer, Mitglieder der bekannten Blankeneser Familien Oestmann, Kröger, Mählmann, von Ehren, Stehr, Bohn, Breckwoldt u. s. w. Die kleine Ortschaft wurde lange Zeit ebenso oft zu Blankenese wie zu Dockenhuden gerechnet und ihrer ganzen Anlage nach gehört sie thatsächlich mehr zu ersterer Gemeinde.

Teufelsbrücke. Diese Ortsbezeichnung kommt, soweit bis jetzt ersichtlich, zuerst in einem Gerichtsprotokoll vom Jahre 1684 vor; doch hat sie ohne Frage schon lange vorher im Volksmunde gelebt. Im erwähnten Jahre wird berichtet, die Heerstraße nach der Teufelsbrücke und Blankenese sei dermaßen schlecht im Stande, daß man sie bei Regenwetter gar nicht benutzen könne. Die Gemeinden wurden angehalten, sie schleunigst auszubessern. Die Reparatur der Brücke selbst aber lag dem Landesherrn ob, und wir ersehen aus der Pinneberger Amtsrechnung von 1685, wie sie beschafft wurde.

Die Teufelsbrücke vor Nienstedten.

Zunächst bemerken wir, daß es zwei Teufelsbrücken gab, eine große und eine kleine, welche letztere den Quellenthaler Bach überbrückte. Beide waren in der langen Kriegszeit so in Verfall gerathen, daß sie völlig neu errichtet werden mußten, zumal die Reichs= und die Holländischen Posten sie wöchentlich zweimal passirten.

Der Bau kostete etwa 70 Reichsthaler, nämlich 38 Thaler für Zimmerarbeit (ein Meister arbeitete mit 2 Gesellen an der großen Brücke 81 Tage, an der kleinen 35 Tage, wie die Kerbstöcke auswiesen, jeden Tag zu 16 s gerechnet), 25 Thaler für Schmiedearbeit (u. a. mußten die Balken mit großen Ankern „wegen der Eis= fluthen" an die Pfähle befestigt werden; jeder Anker wog 68 Pfund) und 5 Thaler für 24 Stück ausgesuchte 24 Fuß lange „Kiehn=Dannen=Schellstücke" zur Ueber= fütterung der Brücken.

Die große Teufelsbrücke, welche von Sturm und Eisgang, auch angetriebenem Holze viel auszustehen hatte, mußte häufig reparirt werden; das Ufer bei der kleinen dagegen war schon 1731 „von vielem Auswerfen des Sandes und der Steine aus der Elbe dermaßen verhöhet worden", daß fortan keine Brücke mehr nöthig war; indeß ist sie auf einer Karte von 1734 noch abgebildet.

Auch dieser Theil des Elbufers wurde erst seit dem Ende des 17. Jahrhunderts besiedelt, gleich Mühlenberg und ebenso auch gleich Neumühlen und Oevelgönne*),

---

*) Vergl. W. Volckens, Neumühlen und Oevelgönne S. 29 ff.

wo indeß doch vorher schon einzelne Häuser gestanden hatten, während die Gegen
bei den Teufelsbrücken bis dahin völlig öde gewesen war. Die ersten Ansiedle
waren (um 1699) die Erbauer der „Holländer Mühle" (jetzt Wesselhöft); dan
folgte 1708 der Strand= und Holzvogt Henrik Wilhelm Bösekuhr*), um 171
der Krüger und Bierbrauer Peter Nagel (jetzt Teufelsbrücker Brauerei), später de
Bäcker Christian Joachim Soltau, seit etwa 1750 einige Fischer aus Blankene
(Harm von Ehren, Viet Mewes, Jochim Breckwoldt, Otto Kröger) und etlich
Bootsbauer (Kock, Heitmann). Wir wollen nun einzelne dieser Ansiedelungen fü
sich behandeln.

Am 4. December 1697 ertheilte König Christian V. zwei Ostfriesen mit de
eigenartigen Namen Aucke Bauckes und Baucke Hyddes die Erlaubniß, bei de
großen und kleinen Teufelsbrücke eine Oelmühle anzulegen; darauf wurde ihnen ei
Platz bei den Fischteichen angewiesen und erlaubt, dabei einen Stein zum Weizei
mahlen einzurichten, alles gegen eine jährliche Recognition von 12 Reichsthalei
Am 15. März 1698 wurde ihnen ferner gestattet, unweit der Wassermühle eine Graupei
mühle anzulegen. Sie häuerten darauf am 13. Juni 1699 von Heinrich Bremer einen Pla
auf dem Lühnenberg und zwar in Gemeinschaft mit Heinrich von der Smissen, Lorei
und Lucas Kramer; hier legten sie eine Windmühle an. Beide Mühlen nebst alle
zugehörigen Ländereien gingen schon 1703 für 7200 ℔ an Heinrich von der Smisse
und die beiden Kramer über, während die Ostfriesen sich ähnlichen Unternehmunge
in Oevelgönne und Neumühlen zuwandten.**)

Die Wassermühle lag am Ausflusse des Quellenthaler Teiches in der Nier
stedtener Gemarkung; ein westlich, jenseits des Weges angrenzendes großes Stü
Ackerland verkauften die Kramer und von der Smissen 1711 an Hans Groth, währen
die beiden Mühlen im Besitze der Familie von der Smissen verblieben; doch scheine
sie wenig ergiebig gewesen zu sein. Die Wassermühle wurde 1742—1769 vo
Christian Soltau, dem Stammvater dieser Teufelsbrücker Familie, die Wind
Graupenmühle 1753—1756 von Hans Berend Ernst betrieben. Doch gehörte di
Wassermühle noch lange der Familie von der Smissen, während die Windmühle 178
abbrannte; das Grundstück gelangte in den Besitz des Baron Voght, der es 179
in Erbpacht an den Großbritannischen Consul William Hanbury veräußert
(jetzt Vorwerk).

Im Jahre 1707 überließ Peter Beermann in Kl. Flottbeck an Claus Külpe
einen „Kielort auf'm Leinencamp, zwischen denen sogenannten beeden Teuffelsbrücke
belegen, zur Erbauung eines Hauses erb= und eigenthümlich, solange der Wind wehe

---

*) Ihm verheuerte der damalige Eigenthümer, der später ausführlich zu behandelnden dre
Klein = Flottbeker Höfe, Dr. Herm. Langenbeck einen Platz an der Elbe zum Bau einer Kath
nebst Schweinestall, „solange der Wind wehet und der Hahn krähet". (Nachbesitzer: Schlenning
Harm v. Ehren u. s. f.).

**) Volckens a. a. O. S. 58.

und der Hahn krähet und die Welt stehet", für 144 ₰ und 1 Reichsthaler Jahres-
rente. Dies war die Stelle, auf der sich bald danach Peter Nagel oder sein
Schwager Johann Hilcke niederließ und einen Krug nebst Brauerei für den eigenen
Bedarf errichtete; im Jahre 1707 zahlte Nagel dafür 7 Thaler Accise; 1732 klagte
er, daß die Nahrung „wegen der Postirung*) sehr abgenommen" und bot daher nur
noch 15 ₰; aber 1753 war der Betrag doch schon wieder doppelt so groß. Nach
Peter Nagel's Tode (1770) folgte ihm sein Sohn Hinrich, diesem wieder dessen Sohn
Peter und in der vierten Generation abermals ein Hinrich; dann ging das Gewese
auf Edgar Roß über, der bei der Brauerei Dampfbetrieb einführte und etliche hohe,
für die landwirthschaftliche Schönheit nicht gerade förderliche Baulichkeiten anlegte.

Der „Bäcker." Wie wir schon wissen, betrieb Christian Joachim Soltan
von etwa 1742—1769 von der Smissen's Wassermühle in Nienstedten, wo er
mit seiner Frau Maria wohnte; am 12. August 1742 wurde ihm ein Sohn Heinrich,
am 8. Juni 1744 ein zweiter Sohn Christian Joachim, geboren; er starb am
5. Februar 1769 im Alter von 65 Jahren. Sein Sohn Christian Joachim wurde,
als er am 17. October 1770 Margaretha Benitt aus Develgönne heirathete, noch als
Müller, dagegen als ihm am 6. April 1773 sein erster Sohn Christian Joachim geboren wurde, schon als Bäcker und als jenseits der Brücken wohnhaft bezeichnet
(von Nienstedten aus gerechnet).

Wiederholt hatte bereits sein Vater um Ausweisung einer eigenen Hausstelle
gebeten, so schon 1764 „entweder bey der sogenannten Tatter-Hörn oder neben seinem
(d. h. jedenfalls dem von der Smissen gehörigen) Hause über den Weg, oder auch über
den Weg an der Wittwe von Hoven Land". Thatsächlich wurden ihm am 26. September 1765 8 Himbtsaat Kornland „hinter'm Huder Holt" angewiesen; aber hiergegen protestirten die Groß-Flottbeker, weil sie angeblich Rechte auf dieses Land
hatten. So mußte die Verleihung zurückgezogen werden, und statt dessen erhielt
Soltau am 21. Juli 1766 2½ Himbtsaat Kornland „auf'm Höften", eine Fläche
von 256 Quadratruthen (32 Ruthen lang, 8 Ruthen breit); doch muß ihm schließlich
auch beim „Huerholt" Land ausgewiesen worden sein.

Der Vater starb, ehe das Haus gebaut wurde; erst der Sohn siedelte mit der
Mutter zwischen Mai 1771 und Juni 1772 nach der neuen Heimstätte über, wo er
die Bäckerei als Haupterwerb betrieb. Die Gegend war schon hinreichend, namentlich
von reichen Hamburgern besiedelt, um einem guten Bäcker Nahrung zu geben, hatten
doch bereits 1754 die Weißbäcker Hüttmann zu Nienstedten und Reimers zu Blankenese darum nachgesucht, daß den fremden, den Hamburgischen Bäckern das Herum-

---

*) Einrichtung dänischer Fährposten von Hamburg nach Itzehoe, Tönningen u. s. f., die der
Straße über Blankenese Verkehr fortgenommen haben wird; anderweitig wird der schlechte Zustand
dieser Straße für die Abnahme des Verkehrs verantwortlich gemacht. Es scheint, daß Nagel erst
1737 das Haus nebst zwei Nebengebäuden, dem Haus- und Braugeräth rc. für 2800 ₰ von Hilcken
kaufte; das Gewese war damals bis zur vollen Höhe dieses Kaufpreises verschuldet.

tragen des weißen Brodes untersagt werden möchte, was indeß nicht geschah. War somit für einen neuen Bäcker genug zu thun, so behielten die Soltau's doch noch Jahrzehnte lang ein Göpelwerk zum Mahlen des im eigenen Betriebe nöthigen Mehles, weshalb sie auch als „Bäcker und Roßmüller" bezeichnet wurden.

Teufelsbrücke.

Christian Joachim Soltau, der Sohn, starb schon am 8. Januar 1783 im Alter von nur 38 Jahren; er hinterließ außer der Wittwe einen Sohn und zwei Töchter. Bereits am 5. März 1784 heirathete die Wittwe aufs Neue, nämlich den Bäcker Hinrich von Aspern aus Elmshorn; aber dieser Schritt schlug zu ihrem Unglücke aus; denn Heinrich von Aspern erwies sich als ein gefährlicher Mensch: er miß= handelte im Trunke Frau und Kinder, verübte auch sonst allerlei Missethaten und mußte deshalb wiederholt hinter Schloß und Riegel gesetzt werden. Vor seiner ersten Entlassung aus dem Gefängnisse (1790) bat seine Frau nebst den Kindern Anna Maria, Christian Joachim und Anna, sowie den Nachbarn flehentlichst den Pinne=

berger Drosten, es möchte dem Missethäter angedeutet werden, daß er sich nicht unter=
stehen solle, nach Hause zurückzukehren; doch entschied der Drost, daß dem Hinrich
von Aspern als Herrn das Haus freistehe, nach ausgestandener Strafe wiederum nach
seiner Wohnung zurückzukehren.

Schließlich indeß wurde Hinrich von Aspern für wahnsinnig erklärt und zur
Erhaltung der allgemeinen Sicherheit 1792 in dem auf Hamburger Gebiet nahe der
Altonaer Grenze belegenen „Pesthofe" untergebracht; von dort aus richtete er in den
Jahren 1794 und 1795 wiederholte klägliche Eingaben an den Pinneberger Land=
drosten Geheimrath von Levetzau, die interessant genug sind, um hier auszugsweise
wiedergegeben zu werden. *)

In einer Eingabe vom 22. Mai 1796 heißt es: „Voller Wehmuth ergreife ich
„die Feder, Eurer Excellenz zu berichten, in welcher betrübten Laage und Zustand ich
„leider! gefangen bin, da ich von Weib, Kindern und Freunden gantz verlassen und
„bey dürrer Grütze schwere Arbeit im Backen und Sacktragen verrichte, schon ander=
„halb Jahre, da ich weder Kleider, noch einen Nothschilling verdiene noch bekomme,
„sondern ich bin nun von Kleidung ganz abgerissen. Und meine Frau hat mir
„sagen lassen, daß sie mich nicht mehr verlangte. Als ich hier aufkam, so war ich
„freilich meiner Vernunft etwas beraubet. Ich bin aber seit anderhalb Jahr, Gottlob!
„wieder in der Verfassung, daß ich sowol mein Handwerck als auch die Seefahrt mit
„Bedacht und Überlegung verrichten kann. Da nun Kostgeld hier vor mich bezahlt
„wird, und ich doch kümmerlich hier leben und mit dem Ungeziefer mich plagen muß,
„so wäre mir es weit lieber, wenn ich meine Freyheit erhielte. Ich obligire mich,
„daß ich nicht minimam depentationem an meiner Frau ihr Vermögen machen werde,
„sondern ich werde suchen, entweder als Matros oder Feld=Becker anzukommen. Es
„wäre mir ein leichtes, hier zu echabiren; allein ich bin als ein ehrlicher Mann hier
„aufgekommen, also wollte ich auch mit Ihrer Bewilligung wieder abgehen. Was ist
„Ihnen mit meinem Unglück gedienet? Ein jedes Thier sehnet sich nach der Freyheit;
„wieviel mehr der Mensch! Namque perpetuus carcer est pessimus mors**)
„Ich bitte Sie flehentlich: Haben Sie die Güte und Gewogenheit gegen mich und
„helfen Sie mir zu meiner Freyheit."

Darauf forderte der Drost den Altonaer Physikus Mumsen auf, den Bittsteller
zu untersuchen; das Gutachten des Arztes fiel zweifelhaft aus, weshalb entsc⸗den
wurde, von Aspern solle im Pesthofe bleiben, die Familie ihn aber mit ordentli⸗
Kleidern versehen.

Am 7. October desselben Jahres richtete er eine neue Eingabe an den Drosten;
darin heißt es: „Dieweil ich befinde, daß meine Frau nicht viel um meine Person

---

*) Die Eingaben waren allerdings von dem Manne weder verfaßt noch geschrieben; denn
1786 hatte er nicht einmal seinen Namen schreiben können; damals vermiethete seine Frau an
Nicolaus Linnich einige Stuben nebst einem kleinen Stück Land und unterschrieb ihren Namen,
während der Mann ein Kreuz daruntermalte.

**) Immerwährender Kerker ist der schlimmste Tod.

„giebt, dieweil anjeßo ihr Sohn erſterer Ehe ſchon ſo gros und vermögend iſt, ihr
„Haus vorzuſtehen, derowegen iſt die Liebe zu meiner Perſon erloſchen. Dieweil
„eine erloſchene Liebe von meiner Frau doch nicht wieder aufzuwärmen iſt, ſondern
„nur Wiederwärtigkeit und Verdruß im Hausſtande nachläſſet, ſo iſt es beſſer ge=
„ſchieden ſeyn als im Verdruß täglich zu leben mit ihr" u. ſ. f.

Der Gefangene hoffte, durch einen Vetter, den Schiffer Soltau, Gelegenheit zu
erlangen, mit einem Schiff fortzukommen. Am 28. April 1795 wiederholte er ſein
Geſuch um Freilaſſung noch dringender, „dieweil anjeßo Schiffe in Hamburg liegen,
welche ihre Reiſe nach Oſt= und Weſtindien beſtimmt haben." Phyſikus Mumſen
unterſuchte den Bittſteller abermals und ertheilte jeßt ein günſtiges Gutachten:

„Die Zeugniſſe des Vogtes und des Officianten des Peſthofes kommen dahin
„überein, daß beſagter Hinrich von Aſpern ſich ordentlich, beſcheiden und vernünftig
„beträget, daß er fleißig und arbeitſam iſt und dem Krankenhauſe als Becker Dienſte
„leiſtet, daß er freilich im Trunke ſeiner nicht mächtig geweſen, aber dem Brantwein
„nicht ergeben ſey. Sie erklären ihn alſo inſofern für geheilet von ſeinem Wahnſinn,
„welcher ihn vormals dahin gebracht hat. Ich ſah ihn am Freitag in Gegenwart
„des Chirurgi des Hofes. Ich fand keine Spur der Wildheit oder Verrücktheit;
„er redete vernünftig und erklärte, wie er nicht weiter nach Flottbeck zu ſeiner Frau
„zu gehen begehrte, ſondern wünſchte zu Schiff zu gehen, um anderswo ſein Beckers=
„handwerk zu treiben und in dieſem ſein Brod zu erwerben. Es wäre ihm leicht
„geweſen von dort zu entkommen, habe es aber nicht thun, ſondern lieber dulden
„wollen, ſo ſehr ihm auch nach Freiheit verlange. In Anſehung des Trunkes geſtund
„er, daß er ſich dafür hüten müſſe und ſich dafür auch hütete; auch erklärte er vor
„uns Beiden, daß er gegen ſeine Hausgenoſſen und Nachbarn keine Rache noch Feind=
„ſchaft in ſeinem Herzen fühle, Niemand zu beunruhigen, ſondern ſein Glück durch
„ſeiner Hände Arbeit gern anderswo ſuchen wolle."

So endete dieſer etwas dramatiſche Zwiſchenfall ſchließlich in Frieden und dem
Hauſe des „Bäckers" war fortan eine ruhige Entwickelung beſchieden.

Der „Tempel" und „Jacob's". Wir wollen hier gleich noch berichten,
was wir von der Geſchichte der zwei vornehmſten Erquickungsſtätten wiſſen, die unſere
Landſchaft beſißt.

Der Platz, wo jeßt das Parkhotel ſteht, hieß früher „Hödernfeld" (1734) oder
„Hüerfeld" (1790); er gehörte zu den Klein=Flottbeker Höfen, die ſeit dem Dreißig=
jährigen Kriege mit einander vereinigt waren — davon ſpäter — und in den Jahren
1785/86 von Baron Voght angekauft wurden. Er ließ dort ein Sommerhaus in
Geſtalt eines griechiſchen Tempels errichten, in dem er bis etwa 1793 zeitweilig
wohnte (vergl. Näheres weiter unten); dann trat er eine lange Reiſe nach England
an und als er zurückkehrte, ſcheint er den „Tempel" nicht mehr zu Wohnzwecken
benußt zu haben.

Nun lebte damals in Altona, außer vielen anderen durch die große Revolution aus ihrer Heimath vertriebenen französischen Emigranten, auch der General Dumouriez, der im Jahre 1793 versucht hatte, das von ihm befehligte Heer für die Wiederherstellung des Königthums zu gewinnen und als ihm dies mißlang, mit einer kleinen Schaar höherer Officiere zu der feindlichen Armee übergetreten war. Die republikanische Regierung erklärte Dumouriez und seine Genossen für vogelfrei und setzte einen Preis auf seinen Kopf. Da indeß die Kaiserlichen die Bedingungen des mit ihnen abgeschlossenen Uebereinkommens nicht einhielten, zog Dumouriez sich ins Privatleben zurück und fand Jahre hindurch ein Asyl in Altona, mit ihm eine kleine Zahl seiner früheren Kriegsgenossen. Unter diesen befand sich auch sein Adjutant César Lubin Claude de Rainville, der gleich manchen anderen französischen Emigranten ein unternehmender Mann war und durch Findigkeit sich eine angenehme neue Existenz verschaffte: er wurde Gastwirth und machte als solcher die oberen Classen von Hamburg-Altona mit den Genüssen der verfeinerten französischen Küche bekannt. Hierfür erschien ihm das hohe Elbufer als eine besonders geeignete Stätte.

Tempel bei Flottbeck. (1799 gez. von L. Lehmann.)

Zuerst warf er sein Auge auf ein hart an der Elbe bei Blankenese belegenes unbenutztes Stück Land, wo er im Anfange des Jahres 1798 zur Befestigung des locker gefügten, steilen Abhanges ein 200 Fuß langes Bollwerk errichten wollte; doch wählte er statt dessen bald das „Hüerfeld" bei Teufelsbrücke; hier errichtete er im Sommer 1798 thatsächlich ein starkes Bollwerk von Eichenholz (vielleicht dasselbe, daß noch jetzt beim Parkhotel zu sehen ist); vermuthlich wird er bereits damals den

„Tempel" von Baron Voght für seine Zwecke gemiethet haben. Inzwischen kaufte er allerdings 1799 das noch jetzt nach ihm benannte Grundstück in Ottensen oberhalb Neumühlen, wo er ein großartiges Restaurant nach französischem Muster einrichtete; doch spätestens 1801 erwarb er vom Baron Voght auch das „Hüerfeld", und der „Tempel" war seitdem geraume Zeit, gleich dem Etablissement in Ottensen, ein bekannter Erholungsort der feinen Welt.

„Der Freund erbaute ihn für Freunde — sagt 1803 Gutbronn in seinen „Erinnerungen aus Hamburg" —, und die Grazien und Musen wandelten hier; aber jetzt ist auch hier ein französischer Wirth Meister, und sein Koch Oberpriester, dessen Orakelsprüche gelten, dessen Speiselisten magische Kräfte besitzen. Wo Alles hinströmt, verweilen die Musen und Grazien nicht, und statt Apolls heiliger Laute, ertönt die Harfe und Fidel wandernder Musikanten."

Der „Tempel" soll später (jedenfalls nach 1808) abgebrannt sein; das Grundstück wurde dann (jedenfalls vor 1818) von dem Kaufmann J. G. Ewald gekauft und ging schließlich in das Eigenthum von August Joseph Schön über, der hier das jetzige ältere Gebäude des „Parkhôtel", das größte Landhaus des ganzen Elbufers, errichtete. Als die Familie Schön sich gezwungen sah, den Besitz zu veräußern, wurde das Haus der Bestimmung wiedergegeben, der es in der Franzosenzeit gedient hatte.

Jacob's Wirthschaft verdankt ihre Entstehung dem Zuckerbäcker Franz Friedr. Burmester, der sich in Nienstedten um das Jahr 1760 niederließ. Entweder schon er selbst oder sein im Jahre 1757 geborener Sohn Nicolaus Paridom Burmester machte aus der Zuckerbäckerei eine bessere Wirthschaft, deren Seele wohl die Frau des jüngeren Burmester, Maria Elisabeth, Tochter des Schiffskapitän Joh. Onnes vom Hamburger Berge, gewesen sein wird. Die Ehe wurde 1777 geschlossen; beim ersten Kinde Immanuel (geb. 1778) standen drei vornehme Persönlichkeiten Gevatter: der englische Minister-Resident in Hamburg, Madame Louise Maria Sillem und Hieronymus Matthießen aus Altona; es folgten bis 1790 noch 4 Kinder; aber am 18. Juni 1790 kam Nicolaus Paridom Burmester auf schreckliche Weise ums Leben, nämlich durch das Zerspringen einer Kanone, vielleicht eines aus festlicher Veranlassung abgefeuerten Böllers. Die Wittwe schloß darauf bereits am 26. Februar 1791 eine neue Ehe mit dem Kunstgärtner Daniel Ludwig Jacob, in dessen Familie das Gewese seitdem verblieben ist.

Verwaltung. Vögte. Krüge. Unsere Landschaft gehörte seit dem 14. Jahrhundert zur Vogtei Hatesburg (Hatzburg), das im 16ten in ein Amt, im 17ten (nach Zerstörung der Burg) wieder in eine bloße „Verwaltung", endlich im 19ten in eine Kirchspielvogtei verwandelt wurde, doch gab es schon vorher Kirchspielvögte der Verwaltung Hatzburg und zwar vermuthlich, seitdem 1710 das Amtshaus Hatzburg durch Feuer vernichtet wurde, wenigstens wird 1730 ein Kirchspielvogt Hansen in Wedel erwähnt; dessen Schwiegersohn Franz August Müller, auch Kirchspielvogt der Vogtei

5*

Ottensen, nahm seinen Wohnsitz in Blankenese (1741—1756), während sein Nach=
folger Gercken (1757—1790) in Pinneberg wohnte. Erst seitdem Franz Copmann
1799 zum Kirchspielvogt der Verwaltung Hatzburg und der Vogtei Ottensen ernannt
wurde, ist Blankenese bis zur Gegenwart Sitz eines Kirchspielvogtes geblieben, der
erst ganz kürzlich den Titel „Amtsvorsteher" erhalten hat; der Bezirk dieses Beamten
umfaßt aber nur noch einen Theil des alten Amtes Hatesburg.

Wedel, seit 1786 Flecken, ist jetzt Stadt, während Blankenese, obwohl doppelt
so groß, Landgemeinde geblieben ist.

Für jede Gemeinde ernannte der Landesherr seit Alters einen Vogt (Unter=
vogt, Bauernvogt), dem erst viel später „Dorfsbevollmächtigte" der Gemeinde zur
Seite traten; erst in jüngster Zeit sind auch die Vögte durch gewählte Gemeinde=
vorsteher ersetzt worden.

Als ältester Blankeneser Vogt wird Paul Sachte genannt, der 1629 zum
Untervogt des Grafen bestellt wurde; weil er „keine Wohnung, ja nicht den geringsten
Fußbreit" Erde besaß, so wurden ihm „zur Ergetzung seiner Mühe und vielfältigen
Aufwartung" zehn Thaler „Solariengeld" jährlich auf Lebenszeit zugesichert. Sein
Nachfolger wird Johann Brandenburg gewesen sein, der 1664 starb, und auf
den der Schuster Claus Brandenburg folgte; seit 1765 wird Harm Diedrich Struve
lange Zeit als Blankeneser Vogt genannt, seit den dreißiger Jahren unseres Jahr=
hunderts, ebenfalls Jahrzehnte lang, Hans von Appen; es scheint, daß man immer
einen der wenigen Handwerker zum Vogt bestellte: Struve war Zimmermann, Hans
von Appen, wie es scheint, ebenfalls.

Dagegen betrieben in Dockenhuden und Nienstedten die Vögte seit Alters auch
Krügerei, die sammt der Vogtei sich von dem Vater auf den Sohn vererbte und
schließlich sogar als Realrecht auch beim Verkauf des Grundstückes an diesem haften
blieb. So werden für Dockenhuden als Vögte und Krüger genannt: 1618—1624
Barthold Blohm, 1640 Jochim Blohm, 1668—1684 Hans Wientapper,
1684—1719 Henrich Borchfrede, 1731—1740 Ernst Gätgens, 1764—1772
Joh. Schult, und seit 1790 blieb die Vogtei sammt dem Kruge weit über ein halbes
Jahrhundert lang im Besitze der Familie Gätgens; das Grundstück, auf dem die
Gerechtigkeit haftete, lag mitten im Dorfe an der Hauptwegkreuzung, wo auch jetzt
noch eine Wirthschaft sich befindet.

In Nienstedten besaß 1629 der Untervogt Reding einen Hof, mit dem
seit unvordenklichen Zeiten ein freier Krug verbunden war. Reding starb in diesem
Jahre mit Hinterlassung von 80 ₰ Schulden, die sich für den Hof als zu schwer
erwiesen, weil „durch das leidige Kriegswesen Alles vernichtet, nicht das geringste
Stück Vieh vorhanden, der Acker wüst und öde war, daß sobald Keiner solchen be=
sitzen und bewohnen konnte"; deshalb übertrug der Pinneberger Amtmann Dr. Stapel
das ganze Gewese an den Bruder des Reding, der es aber auch nicht halten konnte,
weshalb es sammt der Untervogtei und dem Kruge in den Besitz der Familie Groth

überging, die den Hof lange Zeit behielt und ansehnlich vergrößerte, schließlich aber seit 1793 ein Stück nach dem anderen wohlhabenden Hamburgern verkaufte; die alte Baustelle kam an Berend Roosen, Salomon's Sohn, der das hart an der Land= straße stehende, in diese sogar hineinreichende Haus abbrechen und ein noch jetzt im Besitze der Familie befindliches Landhaus erbauen ließ.

Eine zweite Nienstedtener Gastwirthschaft befand sich im Anfange unseres Jahr= hunderts seit fast 150 Jahren im Besitze der Familie de Roi (auch du Roy ge= nannt); sie kam 1806 an die Familie Langeloh, auf die jetzt auch die Vogtei überging, und die Beides dann lange Zeit besessen hat.

Es gab in Nienstedten seit Alters noch mehrere Krüge, wie denn diese Ge= meinde von jeher einen ganz besonderen Durst gehabt zu haben scheint, oder die Zahl der dortigen Wirthschaften müßte mit dem Fuhrwesen auf der vorbeiführenden Landstraße nach Blankenese zusammenhängen.

Hier sei erwähnt, daß wir aus dem Acciseregister des 17. Jahrhunderts das Vorhandensein einer alten „Nienstedtener Gilde" ersehen, die sonst nirgends als solche erwähnt wird. Sie bezahlte jährlich Accise für 5 Tonnen Hamburger Bier, die jedenfalls bei den regelmäßigen Gildegelagen ausgetrunken wurden.*)

Kriegsnöthe in älteren Zeiten. Die Lage unserer Landschaft vor den Thoren Hamburgs und bei den strategisch wichtigen Elbfähren brachte es mit sich, daß sie oftmals mit Einquartierung heimischer und Durchzügen feindlicher Kriegs= schaaren geplagt wurde, was ehemals regelmäßig zu, jetzt unerhörten Drangsalen Anlaß gab. Was die Landschaft auf solche Weise im Mittelalter gelitten hat, entzieht sich unserer Kenntniß. Im 16. Jahrhundert blieb sie wohl ziemlich frei von Einquartierung und sicherlich frei von Besetzung durch den Feind. Erst im Dreißigjährigen Kriege hatte sie für den langen Frieden furchtbar zu büßen.

Schon im Jahre 1621, ehe der eigentliche Krieg unsere Gegend berührte, bekamen die Dörfer Nienstedten, Groß= und Klein=Flottbek durch eine dänische Be= setzung — König Christian IV. war gegen Graf Ernst von Schauenburg erbittert — einen schauderhaften Vorgeschmack von den Schrecken, die später hereinbrachen. „Die Soldaten, heißt es in einem Berichte, losiren sich bey 15, 16, ja wohl mehr Personen in ein Haus, panquetiren, fressen und saufen Tag und Nacht, und da ihnen schon die Leute das Liebste und Beste nach Vermögen gerne leisten, wollen sie sich damit nicht contentiren, sondern uffs herrlichste mit Lämmern, Hühnern, Wein und Hamburger Bier tractirt sein, und was sie nicht verzehren, verderben sie ohne Scheu, hauen Schafen und Lämmern ohne Unterschied die Köpfe ab, zu geschweigen,

---

*) Es ist wahrscheinlich, daß diese „Nienstedtener Gilde" identisch ist mit den 1737 als Corporation erwähnten „Interessenten des Nienstedtener Leich = Lakens" und ebenso wohl auch mit der erst in unserem Jahrhundert aufgelösten „Sterbekasse in Nienstedten, genannt Liebe, Friede und Einigkeit", die 1824, als sie „seit einiger Zeit" in Verfall gerathen war, wieder erneuert wurde.

daß sie auch ehrlicher Leute Weiber und Mägde nicht verschonen, sondern die mit Gewalt zu nothzüchtigen sich unterstehen dürfen, brandschatzen die Leute ihres Gefallens und zwingen sie dahin, daß sie dieselben im Lande herumführen und ihnen etzliche Tage mit Wagen und Pferden uffwartig sein müssen, und behalten die, dem reisenden Mann zu Nachtheil und Verhinderung, solange sie wollen, in Summa, bezeugen sich dermaßen muthwillig und unchristlich, daß es die Unterthanen fürders nicht ertragen können, sondern endlich Haus und Hof verlassen und davon laufen werden." Ja, wenn man einem anderen Berichte Glauben schenken darf, ist es schon damals vorgekommen, daß die dänischen Soldaten den armen Leuten, um Geld von ihnen zu erpressen, „die Fußsohlen solange gebraten, bis der Dampf aus den Strümpfen geschlagen, ingleichen anderen die bloßen Beine in siedend heißes Wasser gesetzet, noch andere Personen mit den Haaren hinter die Pferde gebunden und geschleifet", und was der Schändlichkeiten mehr waren.

Was 1621 nur befürchtet wurde, trat in der Zeit des „Kaiserlichen Krieges" (1627—1629), als Tilly und Wallenstein die Grafschaft Pinneberg zusammen verheerten, wirklich ein: ein Theil der Bauern wurde getödtet, ein anderer Theil ließ Haus und Hof aus Verzweiflung im Stich. Noch 1677 lagen seit der kaiserlichen Kriegszeit wüst: in Nienstedten, Groß-Flottbek, Dockenhuden, Sülldorf und Rissen je ein Hof, in Osdorf sogar drei Höfe; außerdem waren schon früher in Klein-Flottbek 2 volle Bauernhöfe, in Nienstedten 3, in Dockenhuden ein Hof, sämmtlich verwüstet und ohne Haus, mit Nachbargrundstücken vereinigt worden; doch ist diese Liste sicher noch weit von Vollständigkeit entfernt. Es gab kein Vieh mehr und in Folge dessen natürlich auch keinen Dünger, sodaß das Land nicht mehr bestellt werden konnte.

Johann Rist, der diese schreckliche Zeit in unserer Gegend mit erlebte, wenn er auch erst 1635 das Pfarramt in Wedel übernahm, beschreibt den Zustand der Landschaft in erschütternden Versen:

Das vormahls volle Land ist gäntzlich ausgezehret,
Das Vieh hinweg gebracht, die Dörffer stehn verheret,
Die Flecken ohn Gebäu, die Acker voller Dorn,
Die Wiesen sonder Heu, die Scheuren ohne Korn.
Die Städte sind verbrannt, die Mannschaft ist erschlagen.
Nur arme Weislein sind noch übrig, die da klagen,
Mit Thränen für und für der liebsten Eltern Todt.

In den Jahren 1643—1645 folgten weitere Schrecknisse in Folge des Einfalls der Schweden unter Torstensohn, und auch der schwedisch-dänische Krieg von 1657—1660 muß für unsere Gegend schwere Folgen gehabt haben, deren Beschreibung indeß anderen Federn überlassen bleiben muß, wie denn überhaupt hier nur beabsichtigt

wird, einen allgemeinen Begriff von den Drangsalen zu geben, welche die Kriegs=
führung früherer Zeiten für die friedliche Bevölkerung zur Folge hatte.

In der Zeit 1678—1713 gab es nur wenige Jahre, in denen unsere Land=
schaft nicht mit Durchzügen und Einquartirungen geplagt worden wäre; für den
größten Theil der Kosten mußte die Landschaft aufkommen, von allen übrigen
Quälereien zu schweigen; so mußten jahraus jahrein viele Tausende an Contributionen
bezahlt werden, dazu kamen dann noch die den Einzelnen auferlegten kaum erschwing=
lichen Kosten der Einquartirungen. Hier nur einige Zahlen: in den Jahren 1712
und 1713 verbrauchten die dänischen Truppen in der Grafschaft Pinneberg allein
rund 30000 Pfund Brot, 10000 Tonnen Hafer und 1200000 Pfund Heu, was
Alles durch Contributionen aufgebracht werden mußte.

Vom 8. bis 15. Juli 1712 lag in Blankenese und Umgegend das Küraffier=
Regiment des Obristen Levezau nebst 300 Mann von Obrist Friesen's Regiment im
Quartier, der Obrist selbst in Dockenhuden; sie verbrauchten in dieser Zeit u. A.
4300 Pfund Brot, 274 Tonnen Hafer und 60000 Pfund Heu. Noch im gleichen
Monat lagen in derselben Gegend von Generalmajors Juel Küraffier=Regiment
400 Pferde, welche täglich 25 Tonnen Hafer und 4800 Pfund Heu fraßen. Am
17. August setzten 400 Mann von Buxtehude nach Blankenese über die Elbe; dort
wurden zur Fortschaffung der Kranken und des Proviants 11 bespannte Bauern=
wagen requirirt. Anfang September kam des Grafen Laurvig Regiment über die
Elbe in Blankenese an, marschirte zwar schon am folgenden Tage weiter; doch mußte
immerhin für einen Tag Quartier, Brot, Heu u. s. w. angeschafft werden. Um die=
selbe Zeit zogen auch 6 Compagnien Marinetruppen denselben Weg. So ging es
weiter: es war ein fast unaufhörliches Hin und Her der verschiedensten Truppen.

Die Einwohner von Blankenese, die ohnehin damals sich nur kümmerlich er=
nährt haben werden, mögen unter diesen Durchzügen besonders schwer zu leiden
gehabt haben; sie erwirkten daher 1721 vom Könige ein Privilegium, daß ihre
Ortschaft künftig von Einquartirung verschont bleiben solle, und thatsächlich blieb
Blankenese seitdem frei von dänischer Einquartirung; noch 1845 wurde das Privilegium
bestätigt, auf das sich die Blankeneser 1850 mit Erfolg beriefen. Gegenüber dem
Feinde half es ihnen aber natürlich nichts, und die Nachbarschaft hatte auch unter den
Durchzügen einheimischer Truppen nach wie vor zu leiden; indeß scheint das vorige
Jahrhundert seit 1713 verhältnißmäßig nur noch wenige solche Leiden gebracht
zu haben.

Ein Blick in das Nienstedtener Kirchenbuch bestätigt uns, wie zahlreich die
Soldateska war, die in dem Zeitraum 1678—1713 in unserer Landschaft lagerte.
Hier wieder nur wenige Beispiele: Im Juli 1679 wurde in Klein=Flottbek dem
Soldaten Gerdt Funken von seiner Frau Anna Margaretha — die Soldaten nahmen
damals bekanntlich ihre Frauen mit in das Feldlager — ein Sohn geboren und
in Nienstedten getauft. Gevattern waren: ein Major, ein Capitän, ein Leutenant,

ein Feldscherer und eine Frauensperson. Am 28. August starb in Klein=Flottbek ein Soldat von derselben Compagnie.

Am 10. März 1683 starb in Dockenhuden ein dort einquartierter Dragoner, während im folgenden Monat der Dragoner Hans Müller eine Wittwe in Wedel heirathete, wobei zwei Dragoner und ein Feldscherer als Zeugen dienten; wieder einige Tage später heirathete ein anderer Dragoner eines Schulmeisters Tochter aus dem Bremischen; sechs Dragoner stellten sich dem Pastor als Trauzeugen vor. Am 27. November 1686 wurde ein Schalmeibläser des Löwenthal'schen Dragoner= Regiments, aus Tönningen gebürtig, mit der aus Norwegen stammenden Elsabe Margarethe Wittbergs getraut. Ueberaus zahlreiche solche Ereignisse berichtet das Nienstedtener Kirchenbuch.

Die Officiere wußten sich das Lagerleben auf ähnliche Weise angenehm zu machen: Am 19. August 1686 wurde dem Capitänlieutenant von Biber von seiner Frauen (?) N. N. (!) in Dockenhuden auf Dietrich Breuers Hofe ein Sohn geboren; als Gevattern treten hier auf: ein Graf von Reventlow, ein Obristleutnant von Wessenberg, eine Capitänsfrau von Oldenburg. Diese letztgenannte Dame kam am 1. November desselben Jahres in Nienstedten ihrerseits mit einer Tochter nieder; ihr Mann war Quartiermeister im Löwenthal'schen Dragoner=Regiment; Gevattern: Frau Etatsräthin von Felden in Pinneberg, Margarethe Dorothea von Borcherten, des Herrn Obristleutnant Stagnitz Liebste, Catharina Dorothea von Rütern, des Herrn Capitän Lüders Liebste, ein Major und zwei Capitäne. Der Dragoner=Obrist Waldemar von Löwenthal selbst ließ sich am 16. Februar 1687 auf Andreas Tom Loo's Hofe in Dockenhuden mit der Baronin von Brockdorf trauen, wobei u. A. der Kaiserliche Gesandte Baron von Freytag zugegen war. Das mag zur Illustration des damaligen Soldatenlebens in unserer Landschaft genügen.

Aus der Franzosenzeit. Die langjährigen Kriege, welche Frankreich während der großen Revolution und unter Napoleon gegen das übrige Europa führte, hatte auch für unsere kleine Landschaft tiefgreifende Wirkungen. Soweit sie Fischerei und Schifffahrt betrafen, haben wir sie schon kennen gelernt. Hier sollen nur noch die unmittelbaren Folgen der kriegerischen Ereignisse geschildert werden.

Die Einquartirungen heimischer Truppen begannen schon 1801 und namentlich seit 1805: jeder ganze Baumann hatte damals 2—3 Husaren zu ernähren, wovon z. B. in Klein=Flottbek der Baron Voght 4—5 Mann, die übrigen Bewohner zusammen 3—4 Mann in Quartier hatten. Auch lag an der Elbe im Winter 1804/5 ein Jägerdetachement, dessen Wache sich beim Bäcker Soltau befand; Hospital und Magazin der Husaren waren in Wedel. Im folgenden Winter (1805/6) hatte jeder volle Hof schon drei Mann und vier Pferde, ein halber Hof zwei Mann und zwei Pferde zu unterhalten; diese Last wurde jetzt sogar noch um einen Mann vermehrt, wogegen die Ortschaften vergebens als gegen eine kaum erträgliche Last vorstellig wurden. Die Beschaffung der Speisen und Betten war oft nur mit der größten Mühe möglich und kostete weit mehr, als die Entschädigung ausmachte.

So blieben die Verhältnisse auch nach der Einnahme Hamburgs durch die Franzosen im November 1806; die Husaren, welche im Jahre 1807 in Blankenese und Dockenhuden einquartirt waren, hatten beständig einen Wachtposten bei der Fährstelle. Außerdem wurde damals eine Küsten=Miliz eingerichtet, hauptsächlich zur Bewachung der Wassergrenzen; diejenige unserer Landschaft hatte folgende Organisation:

Befehlshaber,	Compagnien,	Mannschaft,	Sammelplätze.
Dr. Bäthke, Dockenhuden	8	270	Dockenhudener Mühle oder Nienstedten.
Kaufmann Cornelius de Voß, Blankenese	6	273	Stritbrede.
Kirchspielvogt Copmann	10	480	Wedel, beim Roland.

Die in Blankenese und Umgegend liegenden Husaren standen unter dem Commando des Leutnant von Ewaldt, der sein Quartier im Gartenhause des Kaufmanns Humphreys hatte; er war mit diesem Quartier nicht zufrieden, und als der Kirchspielvogt Copmann ihn am 29. October vergebens zu begütigen suchte, kam es zu einer heftigen Scene, wobei der Leutnant den Beamten hart anfaßte und aus der Stube stieß; über diesen Schimpf beschwerte sich der Kirchspielvogt bei seiner vorgesetzten Behörde, die ihm jedoch kein Recht verschaffte. Die Bevölkerung war in Folge dessen aufgebracht gegen die Husaren, und es mußte am 3. Januar 1808 öffentlich angesagt werden, man sollte sich gegen sie ruhig verhalten.

Am 5. März 1808 rückten die ersten französischen Truppen über Altona und Blankenese in die Herzogthümer ein; bald folgten weitere Durchzüge; am 16. Juni endlich verlegte der Oberbefehlshaber der französischen Truppen in Norddeutschland, Johann Bernadotte, Marschall von Frankreich und Prinz von Pontecorvo, sein Hauptquartier nach Klein=Flottbek, wo er drei Monate lang verblieb. Der Prinz selbst wohnte mit seinem persönlichen Gefolge im Hause des — damals abwesenden — Baron Voght, dem jetzigen „alten Herrenhause", seine Officiere, Wachen u. s. w. waren im übrigen Dorfe und der sonstigen Nachbarschaft vertheilt. In Nienstedten lagen außerdem Anfangs noch 3 Officiere und 50—60 Mann spanischer Truppen, später — ebenso wie in Dockenhuden — französische Grenadiere, in Groß=Flottbek 90 Mann holländische Grenadiere, in Wedel war ein französischer Train von 130 Mann und 200 Pferden; Blankenese scheint damals von französischer Einquartirung ziemlich frei geblieben zu sein.

Bernadotte hielt strenge Mannszucht, sodaß von Excessen und Streitigkeiten nur wenig berichtet wird; freilich thaten die dänischen Behörden auch ihr Möglichstes, um die Franzosen zufrieden zu stellen. Von kleinen Zwischenfällen machte man nicht viel Aufhebens: so lagen z. B. bei dem Vogte Biesterfeld in Klein=Flottbek der Kutscher und Vorreiter des Prinzen im Quartier; als ihnen Biesterfeld Bier vorsetzen ließ, verlangten sie Wein und warfen die Bierkrüge der Frau ihres Wirthes auf den Rücken. Auch verkauften die in Kl. Flottbek einquartirten Franzosen Anfangs ihre Rationen und ließen sich dann doch von ihren Wirthen speisen; später unterblieb dies; dagegen machten sie auf Kaffee und Zucker viel Anspruch, sowie auf Salat mit Provencer=Oel; warmes Essen, besonders gebratenes Fleisch verlangten sie des Abends und dies mußten die Wirthe hergeben. Aber sonst verhielten sie sich ruhig und begingen keine Brutalitäten.

Auch die Spanier in Nienstedten betrugen sich sehr manierlich; sie gaben ihre Rationen den Wirthen und ließen sich von ihnen dafür speisen; auf warmes Abend= essen machten sie keinen Anspruch, sondern waren vergnügt, wie es ausfiel; sie ver= langten weder Wein noch Kaffee; Branntwein erhielten sie von den Wirthen aus Gefälligkeit; doch wurde das nie als Recht gefordert; ihrem Commandeur Franco mußten für seinen Wagen täglich zwei Pferde gestellt werden.

Von den Wirthen hatten die Soldaten sich nur über ihre eigenen Landsleute, die an der Elbe wohnenden französischen Emigranten, zu beklagen, welche überhaupt von Einquartirung befreit sein wollten. Der Wirth Rainville sorgte für gar nichts; die Soldaten hatten Anfangs bei ihm weder Essen noch Möbel und sonstiges Geräth; d'Albert in Nienstedten erwies sich ebenfalls als widerspenstig; er behauptete, der Prinz hätte ihn von Einquartirung befreit und antwortete trotzig auf alle Befehle; doch griffen die Behörden in beiden Fällen energisch durch, und der Prinz, auf den sie sich beriefen, stellte sich auf die Seite der Behörden, die überhaupt sein ganzes Verhalten nicht genug rühmen konnten.

Gleich als das Hauptquartier eingezogen war, verlangte Chapel, der Hausmeister des Prinzen u. A. 50 Flaschen gewöhnlichen Wein, 15 Flaschen Champagner, 8 Flaschen Madeira, 12 Flaschen Rheinwein; als aber der Prinz gefragt wurde, ob die Forderungen seinen Wünschen entsprächen, verneinte er dies und ordnete an, daß man sich auf das Nothwendigste beschränken solle. Immerhin kostete der Unterhalt des Hauptquartiers während der wenigen Sommermonate 17 100 ℳ, welche die dänische Regierung bezahlte; darunter befanden sich nicht weniger als 3120 ℳ für Wachslichter, welche der Wachsbleicher Koopmann in Klein Flottbek lieferte; die Lieferung der Lebensmittel war dem Commissionär Graf in Altona übertragen worden.

Nach dem Abzuge des Prinzen von Pontecorvo scheint unsere Landschaft sich einer etwa fünfjährigen verhältnißmäßigen Ruhe erfreut zu haben. Doch wurde in= zwischen die Küsten=Miliz als Landsturm zur Bewachung des Elbufers besser aus= gebildet. Es wurden Wachthütten mit Signalstangen längs dem Strande errichtet. Die Hauptsignalstange in unserer Gegend war bei dem Hause des Kirchspielvogt Copmann in Blankenese auf der Strietbrede; außerdem gab es eine ganze Anzahl kleinerer Signalstangen, um nach der Elbe und nach dem Innern des Districts zu signalisiren. Jede Außenwache bei einer Signalstange sollte aus 24 Mann bestehen und alle 24 Stunden abgelöst werden; bei jedem kleineren Signal sollten 4 Mann als Wache liegen. Das Signaliren wurde durch Anzünden von Pechkränzen und dergl. bewerkstelligt.

Besondere Rührigkeit entfaltete der Befehlshaber Cornelius de Vos in Blankenese, der auf der Uferstrecke von Blankenese bis Wedel den obersten Befehl hatte, weiter oben bis Othmarschen commandirte zuerst Dr. Baethke, dann der bekannte L. A. Staudinger. Die Rapporte Cornelius von de Vos sind rührende Beweise seines Feuereifers. Am 12. Mai 1813 Morgens 5 Uhr berichtete er über die Bildung einer Postenkette längs des Strandes; leider waren die Blankeneser Fischer, soweit sie überhaupt zu Hause waren, gegen die bestimmte Ordre mit Geschrei und Lärm von der Wache fortgelaufen, trotzdem de Vos ihnen versprochen hatte, er werde für ihre Ewer nach Möglichkeit sorgen; sie insultirten ihn sogar, worauf er nach Pinneberg berichtete: „Wenn es wieder geschehen sollten, und sie Uebermacht über mich kriegten, so schieße ich sie auf der Stelle Todt! und wenn es auch mein Leben kosten sollte. Dies ist einmal mein Character und ich würde mich dann einem Kriegsgericht unterwerfen und mich vor dem König selbst vertheidigen. Als Mann von Ehre würde ich für das Land mein Leben lassen, als Officier will ich gehorcht werden, wenn ich auch nach den Einsichten der Leute noch so verkehrt handelte." Einer der Excedenten Namens Carl Winter wurde mit Arrest bestraft, und da die Blankeneser überhaupt „starrsinnig und von widersprechender Art" waren, so wurden sie durch eine besondere Bekanntmachung zur Folgsamkeit ermahnt; doch mußte Cornelius de Vos noch wiederholt über sie klagen und einzelne arretiren lassen.

So kam es am 14. September 1813 vor, daß ein Mann aus Blankenese mit geladener Flinte in die Wachtstube eindringen wollte und den Wachthabenden bedrohte. Als de Vos darauf einem der letzteren befahl, den Mann zu verhaften, prügelte der den Eindringling stattdessen mit Hülfe eines Anderen durch, wobei der erstere im Gesicht verwundet, und eine große Fensterscheibe zerbrochen wurde; alle drei wurden mit Arrest bei Wasser und Brod bestraft.

Im folgenden Monate klagt de Vos, daß die Theertonnen und Signalstangen muthwillig beschädigt worden seien, vermuthlich weil einige Unterbefehlshaber, statt selbst zu kommen, Jungens, die kaum aus der Schule waren, hinschickten, um der Wache vorzustehen.

Es kam auch vor, daß der Oelmüller Klünder in Blankenese seinen Arbeitern verbot, zum Dienst bei der Miliz zu erscheinen, und als die Leute bestraft wurden, dies ganz offen eingestand; denn sobald sie abberufen würden, müßte die Mühle stille stehen, was ihm großen Schaden brächte. „Ist es Seiner Majestät Wille, daß seine Landesfabriquen ohne Noth Schaden leiden sollen? Ich erkühne mich, hierauf mit Nein! zu antworten."

Zu besonderen Thaten scheint die Küsten-Miliz nicht gekommen zu sein; nur wenn einmal dänische Fischer-Ewer auf der Elbe von französischen Maradeurs bera oder beschossen wurden, brannte eine Küstenwache ihnen wohl Eins auf den P

Dieses Stillleben wurde aber Weihnachten 1813 jäh unterbrochen dadurch, daß während der Schreckensherrschaft von Marschall Davoust in Hamburg ein Corps Kosaken in unserer Landschaft auftauchte, die dann Monate lang aufs Schwerste von russischen Truppen bedrückt wurde. Wir besitzen zwei Quellen, um uns hierüber näher zu unterrichten, die Blankeneser Gemeinde-Rechnungen und die Lebens-erinnerungen des Instituts-Vorstehers Köhnke in Nienstedten.

Gleich am ersten Abend verlangten die in Blankenese lagernden Kosaken 1½ Anker Branntwein, und in den folgenden Tagen tranken sie davon auf Gemeinde-kosten wahre Ströme, zusammen für mindestens 200 𝔐; dazu kamen dann Brod, Bier, Heringe, „Tabakskruken", Hafer, Wein, Rum, Essig, Licht, Bauholz für das Cantonnement auf „Faber's Hof" (jetzt zum Baur'schen Besitz gehörig), Geräth zum Uebersetzen von Truppen über die Elbe u. s. w. Im Ganzen kostete die russische Einquartirung allein der Gemeindekasse von Blankenese 4000 𝔐, weshalb sie 3300 𝔐 bei dem wohlhabend gewordenen früheren Fischer Lorenz von Ehren in Teufelsbrücke zu 5 % Zinsen aufnehmen mußte und noch lange Zeit mit einem schweren Deficit zu kämpfen hatte.

Einen noch lebendigeren Begriff von den damaligen Leiden unserer Landschaft giebt uns die Schilderung Köhnke's der wir hier Folgendes entnehmen:

„Was die Officiere und Kosaken nebst einigen Soldaten willkürlich forderten, mußte denselben gereicht werden, und wenn dies nicht augenblicklich geschah, so drohten sie mit dem Kantschuh und bedienten sich desselben wirklich, um wie ein trefflicher Kosak einst in meinem Hause scherzweise sagte: „Kantschuh ist ein sehr gut Mann für Brod, Fleisch, Schnaps, gut Bett und ander Sach'", zu haben — oder nahmen mit Gewalt, was ihnen anstand, und behandelten die Eingesessenen obendrein oft barbarisch mit Schelten, Stößen und Kantschuhgeben. Vier Officiere in meinem Hause, worunter ein Tobolsker Capitain, gossen den Dienstmädchen Eimer voll siedend heißes Wasser längst der Fliesendiele an die Beine und von meiner Frau verlangten sie bei Tische aufgewartet zu werden. In meinem Leben habe ich dieselbe nie so sehr entrüstet gesehen, wie über dieses Zumuthen. „Was verlangen Sie impertinenter Capitain von mir?" rief sie ihm zu — „Salz!" antwortete er mit frecher lächelnder Stimme. — „Ich will Ihnen das Salz reichen, aber ich leide es durchaus nicht, daß Sie meine Dienstmädchen länger turbiren sollen", versetzte meine Frau und ich fügte hinzu, daß ich Morgens darauf ihn sicherlich bei seinem Oberbefehlshaber, dem General Woronzow, welchen ich bereits persönlich kannte, schwer anklagen werde. Diese Aeußerung machte einen gewaltigen Effect, und die vier Officiere hatten, wiewohl sie am anderen Morgen anderswohin verlegt wurden, bis dahin tiefen Respect gegen meine Frau und mich und waren sogar überhöflich und zuvorkommend freundlich im Hause. Später erfuhr ich häufig, daß alle Subordinirten, von dem Soldaten an bis zum General, sehr hohen und sklavischen Respect gegen ihre Obern hatten. Eine Hausdame in meiner Nach-barschaft wollte jener Capitain durch Kosaken abholen und in meinem Hause kant-

schuhen laſſen, als ich eiligſt den in Rede ſtehenden Irrthum dergeſtalt aufzuklären
im Stande war, daß der Dame Unſchuld dadurch an den Tag kam. Mir wurden
übrigens von dieſen Unholden nebſt ihren Bedienten und Koſaken, bei Tag und bei
Nacht, binnen vierzehn Tagen ein Kalb, zehn fette Gänſe, viele Enten und Hühner,
180 Pfund Schweinefleiſch und einige Pfund Ochſenfleiſch vermöbelt, wobei tüchtig
Kaffee, Rum, Grock und Punſch getrunken ward, woran nicht ſelten ſechszehn bis
zwanzig Officiere aus der Nachbarſchaft einen rühmlichen Antheil nahmen und ich
mein Haus gleichſam im Belagerungszuſtande erklärt ſah."

„Während dieſer vierzehn Tage erlebten wir am Weihnachts= und Neujahrstage
noch ein paar andere unerwartete und ſchreckliche Elbſcenen im Angeſichte von Nien=
ſtädten. Es legten ſich am erwähnten erſten Tage vier franzöſiſche große Fahrzeuge,
jedes mit fünfzig bis hundert Mann Soldaten bemannt und einigen Drehbaſſen, be=
waffnet in grader Richtung meines Hofes auf der Elbe vor Anker und beſchoſſen von
da aus eine volle Stunde mit aller Gewalt unaufhörlich meinen Hof und alle benach=
barten Häuſer, die an der Elbe im Dorfe liegen, jedoch zu allem Glücke, daß ſie die
genaue Höhe=Richtung ihrer Drehbaſſen verfehlten und die Traubenkugeln, Stücke
Eiſen und einzelne drei= bis vierpfündige Kugeln meiſtens über die hoch liegenden
Häuſer und Gärten hinweg und bis in das benachbarte Dorf Klein=Flottbek flogen und
nur einige Kugeln und Stücke Eiſen in den Dächern und Hausmauern bei uns ſitzen
blieben. Die Ruſſen verſuchten es zwar, mit einer großen Kanone am Fuße der Elbe auf
die feindlichen Fahrzeuge Jagd zu machen; allein im Umſehen war die Lavette, worauf
die Kanone lag, zerſchoſſen und einer der Kanoniere dabei erſchoſſen. Einige Franzoſen
wurden jedoch zuletzt unſrerſeits von weittragenden Jagdflinten und Kugelbüchſen beun=
ruhigt und vielleicht auch einige Franzoſen verwundet, weshalb ſie ihre Fahrzeuge ſogleich
weiter zurücklegten und endlich aus Mangel an Ammunition ſich zurück nach Hamburg
begaben. Auf mein Haus ſcheint es beſonders abgeſehen, weil da die tägliche Niederlage
aller benachbarten ruſſiſchen Officiere war und ich während des Angriffs meine Penſionaire
Vorſichts halber in meinem Keller verwahrt halten mußte, weil hunderte Traubenkugeln
durch meine Lindenbäume flogen und in und über den Garten wegflogen oder nieder=
ſchlugen, von welchen ſpäter mehrere beim Umgraben gefunden worden ſind. Am
Neujahrstage erfolgte eine ähnliche Scene; allein da würden die Franzoſen nachdrück=
licher durch ein Paar Kanonen von einer andern und beſſern Stelle an der Elbe
begrüßt worden ſein, wenn ſie ſich bei Zeiten nicht eiligſt zurück gezogen hätten."

„Am folgenden Tage verließen uns die Koſaken, und wir ſchöpften einmal wieder
frei Athem; aber kaum fühlten wir uns durch etwas Speiſe und Trank erquickt, als
wir die Trommel von Ferne hörten, ruſſiſche Soldaten in das kleine Dorf Nienſtädten
einzogen, und ſo ging dies abwechſelnd fünf Monate fort, während ich täglich einen
Capitain nebſt 80 bis 110 Soldaten ja einmal unter dieſen 45 Schneider in meinem
leider großen Locale wochenlang beherbergen und ernähren mußte, die über 400 Säcke
Kartoffeln, der Zeit anderthalb Thaler per Sack koſtend, verconſumirten. Die Soldaten

verpesteten die Luft in meinem Hause, daß man dieselben oft auf der sehr großen
Diele und im Zimmer, worin Tapeten und Leinwand verfaulten, vor erstickenden
Dünsten kaum sehen konnte."

„Dazu kamen außer dem Bemeldeten die sechs auf der Elbe gemachten Expe=
ditionen zur Beunruhigung und Bestürmung der Franzosen in Harburg und Hamburg,
bei welcher Gelegenheit sich während dieser sechs Nächte mehrere russische Generäle
nebst ihren Stabsofficieren bei mir einfanden, um mit einem 30 bis 36 Pfund
schweren Braten und einem ebenso großen Stücke Rauchfleisch und Kartoffeln, wie auch
mit Rum, Punsch und Kaffee sich vor der Expedition bewirthen zu lassen. Während
der Mahlzeit oder bis spät in die Nacht hinein, oder nach der baldigen Zurückkunft
der Expeditionen waren manche dieser vornehmen Krieger recht interessant; unter
Andern die Generäle Oppermann, Iwanow, Markow, Forster u. s. w. und ein be=
sonders liebenswürdiger und höchst gefälliger Obrist aus Warschau, ingleichen ein
reicher Major aus Moskau, ein trefflicher Schüler von dem berühmten Tonkünstler
Düssec, welcher Alles, was ich demselben an schweren Notensachen vorlegte, fertig und
schön auf dem Forte=Piano vom Blatte spielte. Auch ich wurde gebeten, Etwas vor=
zutragen, und so spielte und sang ich das Lied: Auf, auf Kameraden! auf, auf, auf's
Pferd u. s. w., welches keinem der Zuhörer bekannt war und worüber sie sich sehr
erfreuten. Sobald Alle zur Expedition abgezogen waren, stellte sich in der Regel spät
Mitternacht der Oberchef=General=Chirurg Malachow mit mehr als zwanzig Chirurgen,
nebst einer Compagnie Soldaten ein, welch letztere ein paar Stunden unter freiem
Himmel frieren mußten, während der General einige Erquickungen oder ein paar
Stunden Schlafs auf Stroh genoß (er verbat sich aus Bescheidenheit Bett und Sofa)
und dann mit seinem Korps nacheilte, jedoch bei seiner Zurückkunft des Morgens
einen Augenblick bei mir zubrachte und eine Tasse Kaffee trank. Er war ein sehr
humaner und liebenswürdiger Mann; allein die meisten seiner Unterchirurgen schienen
mir im Ganzen rohe und unwissende Leute zu sein, von welchen die Blessirten inhuman
und unbarmherzig behandelt wurden; ja man erzählte, daß Mehreren in der Herrschaft
Pinneberg das Bein mit einer Holzsäge, in Ermangelung scharfer Sägen, abgenommen
wären. Ein beleibter Capitän trank eines Abends vor der Expedition achtzehn Tassen
Kaffee in meinem Hause, weil die meisten der Chirurgen gerade den Abend nicht Lust
bezeigten Kaffee zu trinken, sondern Punsch und Grog den Vorzug gaben. Dem
General=Chirurg Malachow hatte ich es zu danken, daß ich außer den unbeschreiblich
großen Lasten, welchen ich Tag und Nacht unterlag, nicht obendrein ein Lazareth von
Blessirten und Kranken von der Wilhelmsburg her ins Haus bekam."

„Zuweilen hatte ich außer allem Erwähnten noch dreihundert bis sechshundert
Soldaten in meinem großen Landhause und unter freiem Sternenhimmel im Garten
liegen, die dann in einander geschlungen in Mänteln schliefen und schnarchten, gleich
einer Heerde Säue, neben welcher auf dem Hofe zwei mächtig große Bivouakfeuer
brannten. Einmal mußte ich sogar von dieser Extra=Einquartirung auf 12 bis 24

Stunden dreihundert Mann im Landhause des Nachts in aller Eile beköstigen. Dies war die ärgste Nacht, welche ich in Nienstädten je erlebt habe. In derselben Nacht sollte Hamburg mit Sturm genommen werden; allein des vielen gefallenen Schnees wegen hatte der General — mich dünkt Docteroff — mit seinem Armeecorps nicht zur bestimmten Zeit bei Harburg eintreffen können, um sich mit allen russischen Truppen in der Herrschaft Pinneberg zu vereinigen, welche in aller Stille am Abend binnen 1¾ Stunden durch Nienstädten zogen. Mich wollten an diesem Abend die 300 im Landhause befindlichen Soldaten, welche zum Theil sehr erfroren und verhungert schienen, mit Kolbenstößen tractiren. Zu meinem Glücke hatte ich Geld in der Tasche, wovon ich, da ich Arges vernahm, den Wachtmeistern und Corporalen spendete, um mich in dem dunklen Landhause in Schutz zu nehmen — und wirklich, in einem Nu waren alle 300 Mann zur völligen Ruhe und Stille verwiesen, und Keiner wagte es wieder, einen Laut von sich zu geben, noch sich weiter feindlich gegen mich zu rühren. Ich dankte meinem Gott, daß ich mit heiler Haut und gesunden Knochen aus dem finsteren Landhause entkam und die hellen Bivouakfeuer auf dem Hofe wieder erblickte, welche den ganzen Hof gewiß in Brand gesteckt hätten, wenn die Dächer nicht mit vielem Schnee bedeckt gewesen wären. Viele dieser Truppen waren so ent= kräftet und halb erstarrt, daß sie sich selbst am Feuer nicht aufrecht stehend halten konnten, sondern Gefahr liefen, bewußtlos in dasselbe zu fallen, wenn Andere sie nicht fortwährend warnten oder sie davon zurückrissen. Einmal mußte ich trotz aller Noth und Qual auf Anstiften eines bösartigen Capitains, gleichsam gezwungen einen Ball, versteht sich auf meine Kosten, in meinem Hause geben lassen, ungeachtet ich in der Ballnacht selbst sehr krank und bewußtlos war. Man hätte wirklich einer Natur von Stein bedurft, um alle Unannehmlichkeiten und Strapazen während dieser fünf Monate abzuhalten, ohne nicht zuletzt an Körper und Geist höchst matt und abgespannt zu werden. Meinen lieben Zöglingen, abwechselnd zwischen sieben und eilf an der Zahl, konnte ich mich weder am Morgen noch am Abend eine Stunde widmen. Sie wurden von zwei trefflichen Lehrern im obern Stockwerke meines Hauses, außer aller und jeder Gemeinschaft der russischen Soldaten, unterrichtet und treu und liebevoll so gut erzogen und gepflegt, wie die Umstände es zuließen. Meine Zeit und Kräfte wurden Tag und Nacht so sehr in Anspruch genommen, daß ich oft nicht einmal die Kleider und nassen Stiefeln wechseln, geschweige ein paar Stunden mich ruhig des Nachts erquicken konnte. Nicht viel besser ging es meiner guten Frau, welche täglich bei aller An= strengung in Sorge, Angst und Schrecken lebte, so daß unsere Haare auf dem Kopfe ergrauten, und dennoch verlangten die vielen täglich ein= und ausgehenden Officiere von uns, daß wir zu allem Lärmen, Singen, Unfugtreiben, Besoffensein und andern unsittlichen rohen Auswüchsen, die auf dem Hofe und im Hause vor unsern Augen und Ohren geschahen, freundliche Miene machten oder wenigstens scheinbar daran Theilnahme und Wohlbehagen fühlen sollten z. B. wenn die Officiere in der Stube aus Uebermuth sich einander mit Bier und Punsch das Gesicht und die Kleider

begoſſen und, auf einem Eſel in der Stube herumreitend, Billard ſpielten und dabei
die ausgelaſſenſten Poſſen riſſen, während andere ſich beim Spiele die Karten an den
Kopf warfen, aufſprangen und ſich prügeln wollten, weil einer derſelben, vielleicht
ohne es zu wiſſen, mit falſchen Banknoten geſpielt oder ſeinem Gegner das Geld im
Kartenſpiele abgenommen hatte — ja ein Capitain verſpielte ſogar eines Nachmittags,
weil er kein Geld mehr beſaß, zwei ſeiner leibeignen Bauern. Zuweilen mußte ich
mit einem Obriſten im Schlitten ausfahren, um das Vergnügen zu genießen, einige
Male beim Umwerfen mich mit ihm aus dem tiefen Schnee herauszukratzen — auch
mitunter faſt gewaltſam Kaffee, mit einem Glaſe Rum vermiſcht, trinken und mich
nach dieſem Bärentrank, wie ich's nannte, erbrechen. Kaum mag es in dem Wallen=
ſteiniſchen Lager ärger hergegangen ſein, als auf meinem Hofe und in meinem Hauſe,
während die Ruſſen darin hauſeten."

„Ich hatte viele Gelegenheit in meinem Hauſe unter vielen Stabs= und Sub=
alternofficieren intereſſante Beobachtungen und Bemerkungen machen, und gebe zu dem
Ende hier nur ein eclatantes Beiſpiel von der Vergleichungs= und Denkungsart eines
körperlich ſchönen, geſcheuten und kräftigen ruſſiſchen Unterofficiers. Dieſer hatte eines
Abends in meinem Hauſe mit dreien ſeiner Kameraden zu viel Punſch getrunken und
war deshalb unfähig ſeinen Dienſt in der bevorſtehenden Nacht zu thun. Am nächſten
Morgen ließ ſein junger Lieutenant ihn nach der Parade mit ſechs Gewehren, an
Gewicht 110 Pfund, dergeſtalt zwei Stunden ſtehen, daß demſelben über jede Schulter
ein Gewehr gegeben und darüber hinten zwei und vorne zwei Gewehre querüber gelegt
wurden. Während des Stehens quoll dem Menſchen das Blut aus den Augen und
der Naſe. — Als er nach ſeiner ausgehaltenen Strafe nach Hauſe gekommen war,
gränzte ſein Unwille an Desparation, er ſtampfte mit den Füßen, ſchlug unter
ſtürmiſchen Verwünſchungen mit der geballten Fauſt auf den Tiſch, über die barbariſche
Strafe, die ihm widerfahren ſei, und ſprach in gebrochenem Deutſch folgende Worte:
„Officiere ſchlecht barbariſch Knab! Kaiſer Alexander — nichts gut — Kamerad
(damit meinte er ſich und ſchlug ſich vor die Bruſt) gut Kamerad, brav Soldat, activ
und gut! Napoleon ein gut, groß Mann! — Soldat — General — kann werd'n —
Alexander — nichts General — werd'n — kaput! (kann bis zu ſeinem Tode nicht
avanciren) Pfui! Rußland ſchlecht! nichts gut (für den) Soldat! Soldat — Tod!
— (bis an ſein Ende müſſe er Soldat bleiben) und dabei verwünſchte er, wie mir's
ſchien, auf eine furchtbare Weiſe ſein Geſchick und leerte ſodann auf des großen Kaiſers
Napoleon Geſundheit ein volles Glas Rum. —"

„Hier noch eine andere kleine Geſchichte ſpaßhafter Art. Ein ruſſiſch=polniſcher
Fürſt L**y, ein gebildeter recht freundlicher, gaſtfreier und gemüthlicher Mann, beſuchte
zuweilen während der Belagerung unſern berühmten alten Gaſtwirth Jacob, deſſen ich
früher erwähnte, und ließ bei demſelben in der Regel für zwölf Gäſte ausnehmend
trefflich zu Mittag ſerviren, wozu auch ich einige Male geladen ward. Eines Mittags
vor dem Eſſen ſtand der Fürſt mit ſeinen Gäſten auf der Diele, und ein ſchöner alter

Baschkir, des Fürsten Diener, faßte Posto an der Hausthüre und mußte, von seinem fürstlichen Herrn aufgefordert, allerlei hübsche russische Nationallieder (alle im Mollton componirt) auf der Flöte recht wohlklingend und geschmackvoll blasen. Nach Beendigung eines jeden Stückes langte der Fürst in seine Westentasche und reichte seinem Baschkiren einen holländischen Dukaten. Wir Gäste sahen uns dadurch aufgefordert, ebenfalls reichlich aus unserer Tasche zu spenden, worauf der Baschkir sich jedesmal, sehr erfurchtsvoll dankend, verbeugte. Später versicherte mir der Wirth J., gesehen zu haben, daß der Baschkir die erhaltenen Dukaten seinem Herrn habe zurückgeben müssen — eine feine Manier, seine Gäste, wenn auch nicht directe, so gewissermaßen indirekte, die genossene Mahlzeit bezahlen zu lassen. Wir waren am Tische des Fürsten übrigens alle sehr aufgeräumt und bei angenehmer Laune. Der Gastwirth lachte indessen am meisten hinterdrein, denn die russischen Officiere brachten ihm, während sie in Nienstädten waren, viele holländische Dukaten Gewinn ins Haus! aber er hatte dafür auch Nacht und Tag viele Unruhe im Hause, wie alle andern Dorfbewohner, welche bis auf wenige nach, große Verlüste aller Art erlitten und ich — ich habe dabei über eilf tausend Mark eingebüßt. Dies war unter den bemeldeten häuslichen Unruhen, Sorgen und Qualen, womit ich als Besitzer eines nur mäßigen Landeigenthums von 48 Tonnen Landes belastet worden bin, ein für meine Vermögensumstände harter und unersätzlicher Verlust, der mich fast um Haus und Hof gebracht hätte, wenn nicht ein guter braver Mann Herr K . . . . n in C. f. k. (jetzt verstorben) mir tausend Thaler in der bedrängenden Noth und später noch zwei tausend Mark auf beliebige Frist geliehen hätte, die ich ihm erst sehr lange nachher wieder zu bezahlen im Stande war. Wie oft standen mir dabei die Haare zu Berge, und doch durfte ich die Geduld und den Muth nicht verlieren, damit nicht Alles darunter und darüber gehe, sondern vielmehr der allwaltenden Vorsehung nach wie vor vertrauen und im ächt christlichen Glauben auch dann treu bleiben, wenn die Seele sich mit fast unübersteiglichen Sorgen und Kümmernissen beladen fühlte, die mit dem besten Willen oft nicht aus dem Wege zu räumen waren. Wie häufig dachte ich: was Gott thut, das ist wohl gethan! wenn die Noth am höchsten, ist Gottes Hülfe am nächsten. Dies waren sowohl die frommen Trostsprüche meiner Frau als auch die meinigen, wenn wir augenblicklich weder Hülfe vor Augen noch von Fern sahen, und wahrlich! wie oft kam nicht irgend eine Hülfe dennoch unerwartet!"

„Im May 1814 wurden die russischen Truppen weiter in Holstein hinein vertheilt. Das gab der Herrschaft Pinneberg und auch uns manche Erleichterungen, wiewohl der Abzug sämmtlicher Truppen erst mit dem Schlusse dieses Jahres endete, an welchem Neujahrsabend ich zu guterletzt den Obristen des Uralischen Cavallerie-Regiments Lanziers nebst 27 Mann bis zum Neujahrsmorgen 1815 im Quartiere hatte. Der Chef war ein sehr großer, stattlicher und stolzer Mann, der in seiner Nähe und in unserem Dorfe strenges Regiment hielt, jedoch in den benachbarten Dörfern soll der übrige Theil seines Regiments großen Unfug getrieben und die Einwohner aus ihren Betten gerissen und sich derselben die Nacht über bedient haben. Und dennoch brachten an achtzehn Officiere am folgenden Morgen, in Reihe und Glied sich ehrerbietigst und sklavisch aufstellend, dem Obristen den Rapport: „daß nichts Ungebührliches und Widriges beim Regimente vorgefallen." So geht es bei so vielen Dingen und Ereignissen im menschlichen Leben, daß die Wahrheit und Gerechtigkeit da nicht gehandhabt wird, wo der Herr nicht selbst an Ort und Stelle ist oder sein kann."

Statistisches. Schon im Jahre 1640 und vermuthlich noch erheblich früher war Blankenese trotz des dürren Sandbodens, auf dem es steht, weit volkreicher als die Gemeinden Dockenhuden, Nienstedten u. s. w. mit ihrem fruchtbaren Kornboden. Das Anwachsen der Blankeneser Bevölkerung ersieht man aus folgenden Zahlen*):

	Häuser	Haushaltungen	Bewohner
1640	?	45	ca. 200
1684	64	70	„ 280
1719	101	151	„ 700
1764	160	255	„ 1100
1795	193	347	„ 1500
1820	274	444	„ 2200
1840	433	728	„ 2700
1890	671	1023	„ 4122
1895	655	1077	„ 4099

Anders war die Entwickelung in den Nachbargemeinden. In Dockenhuden gab es um die Mitte des 17. Jahrhunderts:

5 Bauleute

3 große Köthner

11 kleine   „

4 Häuslinge

zusammen 23 Haushaltungen (vermuthlich etwa 100 Einwohner), dagegen zwei Jahrhunderte später (1840):

6 Vollhufner

3 Halbhufner

5 Viertelhufner

9 Achtelhufner

14 Sechzehntelhufner

---

*) Die Bewohnerzahlen sind der leichteren Uebersicht halber abgerundet, beruhen auch für die ältere Zeit zum Theil auf vorsichtigen Schätzungen. Die Zahl der Häuser war stets kleiner als die der Haushaltungen, wegen der vielen Doppelhäuser und „Häuslinge" ohne eigenen Grundbesitz. Mühlenberg ist in älterer Zeit meist mit zu Blankenese gerechnet und erst 1892 mit Dockenhuden vereinigt.

28 Kathen

12 Anbauerstellen

zusammen 77 Haushaltungen (ohne die Häuslinge) mit zusammen 573 Seelen, welche letztere Zahl bis 1895 auf 1942 gestiegen ist.

Nienstedten hatte um die Mitte des 17. Jahrhunderst:

1 Baumann

1 großen Köthner

14 kleine „

1 Zubauer, der drei große Kothstellen besaß,

zusammen 17 Haushaltungen (ca. 80—100 Einwohner),

dagegen im Jahre 1840:

1 Vollhufner

1 Halbhufner

13 Fünftelhufner

7 Zehntelhufner

9 Sechzehntelhufner

30 Anbauerstellen

zusammen 61 Haushaltungen (ohne die Häuslinge) mit 509 Einwohnern, deren Zahl bis 1895 auf 1447 anwuchs.

In Klein-Flottbek gab es in der Mitte des 17. Jahrhunderts:

4 Bauhöfe (davon 3 schon in einer Hand)

1 halben Baumann

1 kleinen Köthner

mit zusammen kaum 20 Bewohnern, während es jetzt (1895) deren 1105 besitzt (1840: 592).

Der Bevölkerungszuwachs dieses Vierteljahrtausends beträgt also in allen Ort=schaften das Zwanzig= bis Dreißigfache; aber während in Blankenese sich diese Zu=nahme hauptsächlich im 18ten und in den ersten sechs Jahrzehnten unseres Jahrhunderts vollzog, neuerdings dagegen nachzulassen scheint, ist bei den anderen Gemeinden die Bevölkerungszunahme umgekehrt erst in letzter Zeit stark geworden. Blankenese ist eben in Folge eigener wirthschaftlicher Bedeutung (Fischerei, Schifffahrt) schon früh=zeitig größtentheils ausgebaut worden; die Nachbargemeinden dagegen behielten im Wesentlichen ihren ländlichen Character und erlangten erst in neuester Zeit viel Zuwachs durch auswärts (Hamburg, Altona) erwerbsthätige Bevölkerung, namentlich seit Verbesserung der Verkehrsmittel.

Nicht ganz ohne Interesse ist auch die Zunahme der Blankeneser „Häuslinge", d. h. der Miether ohne eigenen Grundbesitz; deren gab es in Blankenese 1685: 6, 1730: 7, 1735: 18, 1779: 20, 1795: 23, 1825: 50. Es waren meist Handwerker und Handwerksgesellen, von denen noch gegen Ende des vorigen Jahrhunderts in

6*

Blankenese für die große Volkszahl verhältnißmäßig wenige vorhanden waren; aber im Jahre 1835 war die Zahl der Häuslinge auf 96 gestiegen, sodaß die Gemeinde sich über das Zuströmen der fremden Miethsleute beschwerte, und die Behörden Maß= regeln dagegen ergriffen; insbesondere ging man bei Ertheilung von Handwerker= Concessionen eine Zeit lang strenger zu Werke. Jeder Handwerker und Höker, der sich damals irgendwo niederlassen wollte, mußte ja seine Befähigung und das Bedürfniß nach einem solchen Betriebe erweisen; hierdurch hatten die Behörden ein Mittel in der Hand, zeitweilige und örtliche Uebersetzung in einem Handwerke einzuschränken; indeß stieg die Zahl der Häuslinge bald wieder, 1855 betrug sie 171, 1858: 152.

Blankenese von Klünder's Garten. Nach einem farbigen Bilde von Peter Suhr.

Grundstücks= und Häuserpreise in Blankenese. Brandversicherung und Feuerschaden. Für Blankeneser Häuser mit zugehörigem Land und Fischereigeräth wurden folgende Preise erzielt:

1614—1630: 150—620 ℔, durchschnittlich 300 ℔,
1670—1690: 350—750 „   „   500 „
1750—1790: 1200—2200 „   „   1500 „ für ganze und
    500—900 „   „   700 „ für halbe Häuser,

womit man die jeweiligen Preise der Fischerewer (S. 35 ff.) vergleichen mag.

Die Summe, mit der alle Blankeneser Häuser in der Pinneberger Brandgilde versichert waren, schwankte von 1746—1784 zwischen 150 000 und 191 000 ℔, 1810/12 betrug sie 148 000 Thaler = 444 000 ℔.

Am höchsten versichert waren im Jahre 1810 die Häuser von

   Heinrich Klünder   mit 6900 Thalern,
   Cornelius de Vos   „ 6500   „
   Kirchspielvogt Copmann „ 3800   „
   Controleur Liebe   „ 2725   „
   Justizräthin Faber   „ 1925   „

einzelne Häuser, die alteingesessenen Familien gehörten, wie

   Viet Pieper   mit 2000 Thalern,
   Wilken Struve   „ 1000   „

waren auch noch einigermaßen werthvoll, die meisten dagegen waren durchschnittlich nur mit 340 Thalern (= 1020 ℔) versichert.

Als am 12. Juli 1806 beim Bäcker Strack Feuer ausbrach und außerdem noch drei Fischerhäuser einäscherte, berichtete der Kirchspielvogt Copmann, diese Häuser seien überhaupt außerordentlich feuersgefährlich, da sie fast durchweg mit Stroh gedeckt seien und einander auch viel zu nahe ständen; ein einziges brennendes Haus sei bei entsprechendem Winde im Stande, das ganze Dorf in Brand zu stecken. Er wünschte daher, es möchte Ziegelbedachung und eine gewisse Entfernung der Häuser von einander vorgeschrieben, eine öffentliche Feuerspritze angeschafft, und ein zweiter Brandaufseher angestellt werden. Doch scheint nichts von Alledem geschehen zu sein. Am 15. Juni 1814 wurde Blankenese abermals von einer großen Feuersbrunst heimgesucht.

In den Nachbargemeinden gab es um 1808 schon erheblich werthvollere Häuser, so in Dockenhuden die Häuser von

  John Hutchinson   versichert mit 13 500 Thalern,
  Johann Brampähl (dem Müller)   „   „ 9 700   „
  Joh. Cäsar Godeffroy   „   „ 8 000   „
  Peter Godeffroy   „   „ 7 650   „
  Jos. Blacker   „   „ 6 700   „
  Licenciat Vogel   „   „ 6 500   „

in Nienstedten die Häuser von:

  John Parish   „   „ 14 800   „
  Louis Vidal   „   „ 7 700   „

Joh. Hinr. Baur's Wittwe	versichert mit	7 100	Thalern,
Berend Roosen	„	6 150	„
in Klein Flottbeck die Häuser von:			
Baron Voght	„	13 600	„
Ein anderes Haus desselben	„	6 750	„
Hermann de Voß	„	14 350	„
Cäsar Rainville	„	4 700	„
Bäcker Soltau	„	4 500	„
Joh. Janssen	„	4 800	„

freilich fast durchweg Landhäuser reicher Hamburger, hinter denen die Wohnstätten der Eingeborenen weit zurückstanden; die meisten von diesen waren nur mit etlichen hundert Thalern versichert.

Vermögen und Einkünfte der Bevölkerung. Wir besitzen einige Steuer-Register, denen wir folgende Angaben über Vermögen und Einkünfte der Bevölkerung entnehmen können, wenn auch die Quelle naturgemäß zur Vorsicht auffordert, da die Steuerpflichtigen in jener Zeit schwerlich richtige Declarationen abgegeben haben werden.

In Blankenese werden im Jahre 1764 als vermögend folgende 14 Personen bezeichnet: Frau Kirchspielvogtin Müller mit 6 Dienstboten, Wilken Bohn, Harm Struve, Jürgen Bremer, Jul. Carsten Langeloh, Hinr. Spiesen (2 Dienstboten), Hinr. Breckwoldt (Hey), Hans Brand, Hans Möhlmann, Ratje Bremer, Jochim von Ehren, Jochim Rickborn, Claus Haack, Paul Mewes.

Dagegen gab es 1811 schon 126 Leute, welche zinstragende Capitalien aus-stehen hatten, darunter einzelne Posten von 10 000—13 000 Thalern; das größte Einkommen von den Blankenesern hatte damals David Pieper; es wird mit 1166 Thalern beziffert.

Vom Grafen Clancarty. In einem dunkeln, ärmlichen Winkel unserer Landschaft endigte 1734 ein Leben, das auf den Höhen geschichtlicher Bedeutung be-gonnen hatte. Wenn Macaulay von Donough Macarty, Earl of Clancarty, sagt[*]), sein Leben sei ein guter Gegenstand für einen Novellisten oder Dramatiker, so ist das in noch weit höherem Maße richtig, als Macaulay ahnen konnte; denn wir vermögen die wunderbaren Schicksale dieses Lebens besser als er zu überschauen.

Der Earl of Clancarty, aus altirländischem Königsgeschlecht stammend, besaß unter Jacob II., dem letzten Stuart auf dem englischen Throne, ungeheure Besitzungen in Irland; er heirathete 1684 eine Tochter des früheren Staatssecretärs Sunderland im Alter von 15 Jahren; die Braut war sogar nur 11 Jahre alt; es war eben eine der im hohen Adel ehemals üblichen verlobungsartigen Ehen; gleich nach der Trauung trennte man die Gatten wieder. Der junge Mann gerieth dann in Irland ganz unter katholischen Einfluß, wurde selbst Katholik und führte ein Leben voller Ausschweifungen.

---

[*]) Geschichte Englands seit dem Regierungsantritte Jacobs II., Cap. 23.

Nach der Entthronung Jacobs II. focht Clancarty für diesen gegen König William III., mußte sich dessen Feldherrn Marlborough bei Cork ergeben und wurde in den Tower geschickt; seine Besitzungen, die ihm die für damalige Zeiten geradezu ungeheure Jahresrente von 10 000 £ abgeworfen haben sollen, wurden confiscirt.

Clancarty wurde beschuldigt, während der Unruhen einen protestantischen Geist= lichen getödtet zu haben. Drei Jahre lang saß er gefangen; dann gelang es ihm, nach dem Continente zu entweichen, wo er von dem entthronten König gnädig empfangen und mit dem Commando eines Corps irländischer Flüchtlinge betraut wurde; doch der Friede von Ryswick machte den Hoffnungen des Stuarts ein Ende.

Jetzt glaubte Clancarty sich mit der neuen Regierung aussöhnen zu können; er stahl sich verkleidet über den Canal, erschien an Sunderlands Thür und bat seine Gattin sehen zu dürfen; unter einen Vorwande erlangte er bei ihr Zutritt, und jetzt erst wurde die Ehe im tiefsten Geheimniß vollzogen; aber bald erfuhr der Schwager Clancarty's, ein fanatischer junger Whig, also der schärfste Gegner des irrenden Ritters, daß seine Schwester ihren Gemahl zu sich eingelassen habe. Er verschaffte sich einen Verhaftsbefehl und eine Wache Soldaten. Man fand Clancarty in den Armen seines Weibes und schleppte ihn zum Tower. Sie folgte ihm und flehte um die Erlaubniß, sein Gefängniß theilen zu dürfen.

Diese Vorfälle riefen eine große Bewegung in den Londoner Gesellschaftskreisen hervor; die angesehensten Männer verwendeten sich für das unglückliche Paar und Lady Russell, die wie eine Heilige von der Nation verehrte Wittwe des unter Jacob II. enthaupteten Staatsmannes Lord William Russell, führte die Lady Clancarty selbst zum Könige, den sie um Begnadigung des Grafen bat. Dieser wurde darauf unter der Bedingung entlassen, daß er das Königreich verlassen und nie zurückkehren solle. Eine Pension wurde ihm bewilligt, klein zwar im Vergleiche mit dem, was er ver= loren hatte, aber vollkommen ausreichend, um ihn auf dem Festlande zu ernähren; sie betrug 300 £.

Soweit sind wir über die Schicksale des Grafen längst ausreichend unterrichtet; dann aber verläuft seine Spur im Dunkel; es hieß zwar immer schon, er habe sich mit seiner Gattin Elisabeth nach Altona zurückgezogen und eine Insel an der Elbmündung, nach einer anderen Quelle die Insel Rottum in der Emsmündung, erworben und dort habe er im Winter 1714 auf 1715 einen Mastbaum mit einem Plakat in See aufrichten lassen, worauf stand, daß jeder, der ihm in See treibende Güter zuführe, die Hälfte davon oder auch mehr erhalten solle. Durch dieses Plakat, so meldete der Drost von Greetsiel dem Fürsten von Ostfriesland, habe er schon Manche verführt; einigen Ostfriesen, die ihm ein Schiff mit spanischen Waaren hätten bergen helfen, wären in Emden als ihr Antheil mehr als tausend Gulden ausgezahlt worden. Im Jahre 1707, als ein holländisches Schiff auf einer Plate zwischen Borkum und Rottum zum Aufsitzen gekommen war, machte er gegen die bergenden

Vorkumer Ansprüche auf die Plate und demnach auch auf sein Bergungsrecht am Schiff geltend und holte sich zur Nachtzeit einen Theil der Ladung.*)

Damit stimmt überein ein andere Meldung, daß der Graf thatsächlich Strand=raub in großem Styl getrieben habe. Aber wo er seinen eigentlichen Wohnsitz hatte, war noch immer nicht bekannt. Erst in neuster Zeit wurde erstens ermittelt, daß er in den Jahren 1702/3 einen für 750 Thaler gekauften Hof in Ottensen (einen Theil des späteren Rainville=Gartens) besaß und ferner, daß er 1734 auf „Praals Hof", 64 Jahr alt, mit Hinterlassung von zwei Söhnen starb.**) Wo dieser „Praals Hof" sich befand, und wo Clancarty von 1703—1734 sich aufhielt, blieb unbekannt. Wir sind jetzt in der Lage, auch diese Lücke zum Theil auszufüllen.

Als nämlich Clancarty im Jahre 1703 seinen Besitz in Ottensen veräußert hatte, kaufte er von Johann Treppenhauer ein kleines Haus am Elbstrande bei dem „Wittenberge" in der Gemarkung Rissen, ein völlig einsam belegenes Haus, in dem seit Jahrzehnten etwas Krugwirthschaft betrieben wurde. Er muß dies Haus noch im Jahre 1703 gekauft haben; denn am 30. Juli 1703 starb, wie das Nien=stedtener Kirchenbuch ausweist, in Wittenbergen sein Diener Johann Hüns, ein Schotte, im Alter von 75 Jahren. Den Kaufact selbst habe ich nicht finden können; aber aus den Pinneberger Registern geht hervor, daß Graf Christian Clancarty — so wird er hier stets genannt — thatsächlich das bezeichnete Haus damals besessen hat.

Ferner fand ich, daß er vor dem Jahre 1716 1000 Thaler auf einem Dockenhudener Hof zu 5 % auslieh, indeß schon 1722 zurückforderte, sowie daß ihm am 10. März 1733 die Jagdfreiheit in der Herrschaft Pinneberg verliehen wurde. Endlich habe ich noch ermittelt, daß er in schlechten Vermögensverhältnissen starb; denn am 17. September 1736 wurde die Pinneberger Behörde angewiesen, der Wittwe Ferdinand zu ihrer Forderung an Clancarty's Erben zu verhelfen, und im Jahre 1738 gelangte das kleine Haus zu Wittenbergen „aus dem Gräflich Clancarty'schen Concurse" in den Besitz von Johann Wilhelm Meyer.

Halten wir dies zusammen mit dem schon früher Bekannten, so scheint sich Folgendes zu ergeben: Der Graf kam entweder mit seiner Pension nicht aus, oder diese wurde ihm entzogen. Abenteuerlich und grundsatzlos, wie er war, kam er auf den Gedanken, sich vom Strandraub zu ernähren, den damals auch die Blankeneser, namentlich seitdem sie ihre Fischerei bis in die See ausgedehnt hatten, schwunghaft betrieben. Um hierbei ungestört zu sein, wird Clancarty die einsame Schenke am Elbstrande gekauft haben, die er thatsächlich geraume Zeit bewohnt hat; doch scheint der Hauptschauplatz seiner Unternehmungen die für die Schifffahrt so gefährliche Ems=mündung gewesen zu sein, von deren Ergiebigkeit für solche Zwecke er vielleicht durch die Blankeneser erfahren haben mag. Daß der Erwerb thatsächlich für ihn einträglich

---

*) Walther in den Mitth. d. Ver. f. Hambg. Geschichte IX. 167 ff., Lappenberg in der Ztschr. desselben Vereins I. 299 ff.

**) Volckens, Neumühlen und Oevelgönne S. 74; Dictionary of National Biography, 1893.

war, beweist das zeitweilige Ausleihen von Kapitalien; ja, noch gegen Ende seines Lebens konnte er als großer Herr auftreten und auf die Jagd gehen. Aber jedenfalls ist er unter Hinterlassung einer solchen Schuldenlast gestorben, daß nach seinem Tode über sein Vermögen der Concurs eröffnet werden mußte. Der Ort seines Todes, „Praals Hof", ist vermuthlich identisch mit „Prahlen Hof", der auf Hamburger Gebiet dicht bei der Altonaer Grenze, an der Ecke der jetzigen Eimsbüttelerstraße und des Neuen Pferdemarktes belegen war.

Der Graf hinterließ zwei Söhne; aber was mag wohl aus seiner Gattin, der getreuen Elisabeth, der Tochter eines englischen Ministers geworden sein? Bewahrte sie dem Strandräuber die Liebe, die sie dem fahrenden Ritter, dem tapferen Partei= gänger geschenkt hatte? Wahrlich, Macaulay hat Recht: Hier ist Stoff für Romane und Dramen vorhanden.

Kirchen= und Schulwesen. Diese Gebiete sollen hier nicht eigentlich behandelt, sondern es sollen nur einige Notizen theils zur Ergänzung früherer, theils als Finger= zeige für künftige Untersuchungen gegeben werden.

Unsere Landschaft hat von jeher größtentheils zum Kirchspiel Nienstedten gehört; nur der westlichste Theil (Schulau, Spitzerdorf, Wedel) gehört zum Kirchspiel Wedel, hinsichtlich dessen auf das Buch von Bolten (Histor. Kirchen=Nachrichten II. 249 ff.) zu verweisen ist, sowie auf die nicht unerhebliche Litteratur über Johann Rist, den Dichter, der von 1635 bis 1667 Pastor in Wedel war; den Nachrichten von Bolten sei hier nur hinzugefügt, daß der Pastor Barth. Gärtner noch bis 1622 amtirte, und daß sein Nachfolger, der unmittelbare Vorgänger Rist's, Albertus Kirchhoff hieß, den Bolten (II. 218) nur als Diakonus zu Wedel gelten lassen will, während er thatsächlich Pastor war; damit ist die einzige Lücke in der Reihe der Wedeler Pastoren seit dem 16. Jahrhundert ausgefüllt.

Für Nienstedten giebt es mehr solche Lücken; denn zwischen Henricus Högelke, der jedenfalls von 1588—1603 amtirte, und Tobias Fabricius, der sein Amt erst 1628 antrat, sind jetzt noch folgende Nienstedtener Pastoren zu nennen: 1603—1625 Christoff Schmidt (latinisirt: Fabricius), vermuthlich ein Verwandter des eben genannten Tobias Fabricius, und 1626—1628 Johannes Wagenführer. Im Uebrigen wird ein im Nienstedtener Kirchenarchive vorhandenes Manuscript „Nachrichten über die Kirche zu Nienstedten, gesammelt bei Gelegenheit der Seculärfeier ihrer Ein= weihung" von dem Candidat der Theologie Aldenhoven (1851) eine brauchbare Grundlage für weitere Ermittelungen abgeben, die freilich auch Pinneberger und Schleswiger Acten zu berücksichtigen hätten.

Was das Schulwesen betrifft, so reichen dessen erste Spuren bis zum Ende des 17. Jahrhunderts zurück; denn schon 1696 wird in Blankenese ein Schulmeister Jakob thor Möhlen genannt. Am 12. October 1703 bat ferner Joh. Gerdt Karmann, wohnhaft bei Blankenese „auf der Heyde", flehentlich, die Behörde möchte ihm doch auf der Haide und zwar von der sogenannten „Streidt Breyhe"

Das Innere der Kirche zu Nienstedten. (Nach einer Lithographie von H. Druwe, Altona.)

zwischen Dockenhuden und Blankenese einen freien Platz zur Schule gewähren; er
wolle dort mit frommer Leute Hülfe eine kleine „Schulkathe“ aufrichten, weil bei
anderen Leuten Schule zu halten, was er seit einigen Jahren gethan, auf die Dauer
beschwerlich sei. Thatsächlich wurde ihm ein solcher Platz „an einem Orte, wo er
den benachbarten Ortschaften nicht schädlich ist“, für ein Schulhaus mit gutem Kohlhof

angewiesen.*) Im Jahre 1763 wurde den Blankenesern erlaubt, eine größere Schule zu bauen; die Kosten sollten durch die Beamten repartirt werden. Im Jahre 1769 erhielt der Blankeneser Schulhalter Uffelmann von der Gemeinde 8 Thaler „Rocken Geld"; 1776 werden schon 2 Schulhalter erwähnt, sowie eine „Dorf=Schulgilde". Im Jahre 1814 erhielt West=Blankenese ein besonderes Schulhaus, dessen erster Lehrer Callsen schon 1803 in Blankenese unterrichtete. Um die Mitte des vorigen Jahrhunderts konnte noch bei Weitem nicht die Hälfte der Blankeneser Fischer ihren Namen voll= ständig unterschreiben; die meisten mußten sich mit einem Kreuz oder den Anfangs= buchstaben begnügen, während die bloße Unterzeichnung mit der Hausmarke damals schon in Abgang kam.

In Dockenhuden wird schon 1770 der Schulhalter Jürgen Windt erwähnt; dagegen erhielt Klein=Flottbek erst 1820 eine Schule durch die Freigiebigkeit des Baron Voght. Es ist nicht möglich, hier die Geschichte des Dorfschulwesens unserer Landschaft ausführlicher zu behandeln. Dagegen müssen einige andere Erziehungs= institute von Bedeutung, welche in ihr entstanden sind, wenigstens kurz erwähnt werden.

Von 1811 bis 1832 bestand in Nienstedten, und zwar in einem der jetzigen Newmann'schen Häuser, die Erziehungsanstalt des uns schon bekannten M. C. Köhnke, die auch von Ausländern stark besucht wurde, sodaß meist 40—50 Pensionäre dort waren; Köhnke genoß den Ruf eines ungemein tüchtigen Pädagogen.

Eine ähnliche Anstalt wurde seit etwa 1820 von Bockendahl und Wulff, dann von ersterem allein in Klein=Flottbek betrieben; nachher kam diese Anstalt in die Hände eines Seminaristen Kramer, und 1844 wurde sie von Rud. Bünger über= nommen, der in der Schles= wig=Holsteinischen Bewegung von 1848 eine Rolle gespielt und mehrere historisch=poli= tische Broschüren geschrieben hat; er ist erst vor einigen

Erziehungs-Anstalt in Kl. Flottbeck von Ch. G. Bockendahl.

Jahren gestorben. Das Haus enthält u. A. eine Anzahl guter Bilder, die unter Mitwirkung von Louis Gurlitt entstanden sind, der hier oft verkehrte; darunter befindet sich auch eine schöne Ansicht von Teufelsbrücke.

---

*) Volckens, Neumühlen und Oevelgönne S. 47.

Die Entstehung der ersten Hamburgischen Lustgärten an der Elbe.

In der Geschichte der Elbgärten und Parks lassen sich zwei Perioden unterscheiden, deren erste im Anfange des 17. Jahrhunderts unter dem Einflusse eingewanderter Niederländer begann, während die zweite in der letzten Hälfte des vorigen Jahrhunderts ihren Anfang nahm, wobei die in Hamburg lebenden Engländer, sowie einige, englischen Vorbildern nachstrebende Hamburger und Altonaer die Hauptrolle spielten. Diese Gruppen waren es in erster Linie, denen die Umwandlung der vorher theils kahlen, theils nur mit einzelnen Baumgruppen bestandenen Elbhöhen in ein wahres Paradies von Weltruf zu danken ist.

Die Reihe jener ältesten Gartenanlagen von niederländischer Art begann bei Altona voraussichtlich schon 1605, um welche Zeit der dort belegene „Hoppenhof" in den Besitz des aus Aachen stammenden Rechtsgelehrten Dr. Rutger Ruland überging*), dessen nächste Nachbesitzer die reichen Niederländer Hans Simons und Gabriel Marselis waren; durch ein freilich erst aus dem Jahre 1661 stammendes Dokument erfahren wir, daß in diesem Garten damals lebensgroße Figuren, Nachbildungen von Antiken standen, was den Charakter des Gartens als den eines Lustgartens deutlich bezeichnet. Wenn man ferner bemerkt, daß Hans Simons es war, der den letzten Schauenburger Grafen 1638 zur Anlage der Palmaille in Altona veranlaßte, so schwindet jeder Zweifel an dem entscheidenden Einflusse der Niederländer.

In unserer Landschaft kaufte 1612 der „ehrenfeste und ehrbare Gillis Mathiaßen, Kaufhändler der Stadt Hamburg", von Hans Trappe zu Dockenhuden ein Haus nebst Kotstätte für 780 ℔ und sicherte sich im folgenden Jahre gegen einmalige Zahlung von 60 ℔ den zehnjährigen Gebrauch eines angrenzenden Stück Landes; dann folgten ebenfalls in Dockenhuden die Hamburger Eberhard Esich (1617), Hans Bramfeld (1618), Albrecht Oldehorst (1620), Hans Lauch (1624), Julio de Moer (1624), Joachim Heuß (1636), Antonio de Labistraet (1645) u. s. w., in Nienstedten: der Hamburger Pfarrer Nicolaus Hardekopf (1619), Bertram Pape (1620), der bekannte niederländische Staatsmann Foppius von Aitzema (1618—1624) u. s. w. Hier begegnen uns allerdings nur einige Namen von Niederländern; auch wissen wir andererseits nicht sicher, ob der Garten oder die Landwirthschaft bei den einzelnen Grundstücken Hauptsache war; nur hier und da läßt sich dies ermitteln. Ferner ist im Folgenden zu berücksichtigen, daß die Lage der Höfe lediglich nach derjenigen der ziemlich dicht an einander gebauten Häuser angegeben werden kann, während die dazu gehörigen Ländereien ursprünglich weit umher zerstreut lagen, und erst ganz allmählich eine Arrondirung erfolgte, aus der die jetzigen Parks hervorgegangen sind.**)

Dockenhuden. I. Wir beginnen im westlichen Theile der Feldmark von Dockenhuden. Hier lag an der Stelle, wo jetzt der als „Thierry" bekannte, thatsächlich Dr. Godeffroy gehörige Park sich befindet (Nr. 49), im Jahre 1618 der Hof des Bauern Hans

---

*) Volckens, Neumühlen und Oevelgönne S. 66.

**) Die Nummern in unserer Darstellung beziehen sich auf die beigefügte Gartenkarte.

Dreyer, der ihn damals sammt allen zum Feldbau nöthigen Inventar an den Ham=
burger Bürger Hans Bramfeld für 1100 ⅄ verkaufte. Der Hof war jedenfalls
noch 1640 in Händen der Familie Bramfeld, um 1675—1685 in denen von Jacob
Rotenburg, dann von Henning Grote, deſſen Erben ihn 1705 an Frau Landräthin
Maria Eliſabeth von Ahlefeld, geb. von Qualen, für 2500 ⅄ verkauften; 1708 erwarb
ihn der Lic. Joh. Jakob Zielinſki für 2650 ⅄, 1715 Georg Dietr. Oldenburg für
6900 ⅄ (!), 1721 Anton Philippſen für 1250 ⅄ (!), dann ſcheint er wieder in die
Hände der Einheimiſchen gelangt zu ſein (Joh. Ramcke, Heinr. Wientapper); aber
1784 beſaß ihn der Juſtizrath Matthießen, deſſen Erben ihn 1790 an Peter
Godeffroy verkauften. Dieſer legte dort einen engliſchen Park an und ließ durch
Profeſſor Hanſen ein ſtattliches Landhaus erbauen. Um die Zeit, als dies geſchah,
waren in Rom für Rechnung des Berliner Hofes die ſchönſten Statuen, Büſten,
Vaſen und Basreliefs in Gyps abgegoſſen und zur See nach Hamburg geſchickt
worden; das Schiff ſcheiterte aber bei Blankeneſe. Zwar wurde ein großer Theil
der Ladung gerettet; doch weil der preußiſche Agent glaubte, ſie ſei nahezu werthlos
geworden, wurde Alles in öffentlicher Auction für einen Spottpreis von Hanſen
erſtanden, der damit das Haus von Peter Godeffroy ſchmückte.*)

II. Oeſtlich davon, jedoch noch weſtlich vom Kirchenwege, lag ein Hof, als
deſſen erſter ſtädtiſcher Eigenthümer uns für die Zeit 1624—1631 der Niederländer
Julio de Moer bekannt iſt. Ohne Zweifel war er es, der hier im Sommer 1632
den großen Hugo Grotius beherbergte; Hugo Grotius ſchrieb damals in einem
aus Dockenhuden datirten Briefe: „Das Landgut, auf dem ich dieſen Sommer verlebe,
hat ſechs Fiſchteiche, Frucht= und andere Bäume, Blumen und reichliches Gemüſe.
Es iſt belegen auf einer anſehnlichen Höhe, die auf der einen Seite vom Fluſſe, auf
der anderen von einem ausgedehnten Walde begrenzt wird. Der Fluß iſt aber keiner
von gewöhnlicher Art, ſondern der Vater Albis, auf den ich wie auf einen Stadt=
graben herabſehe." **) Die Ländereien des Hofes reichten noch im vorigen Jahr=
hundert weit nach Norden bis in die Gegend, wo zu der Zeit des Grotius noch ein
ausgedehnter Wald beſtand, der ſpäter verwüſtet und erſt in unſerer Zeit durch die
neuen Anpflanzungen von Cäſar Godeffroy erſetzt wurde, der „Iſernbrook". An Teichen
iſt Dockenhuden ſtets ſehr reich geweſen; ihre Lage aber hat ſich mehrfach verändert.
Die Erwähnung von „Blumen" durch Grotius deutet darauf hin, daß der Beſitzer
auch einen Luſtgarten auf dem Hofe angelegt hatte.

In der folgenden Zeit werden Major Johann Krauſe, dann deſſen Schwager
Leutenant Lalius als Herren des Hofes genannt. Die langen Kriege des 17. Jahr=
hunderts gaben manchem Kriegsmann Anlaß, in unſerer ſchönen Landſchaft ſich auf
einige Zeit niederzulaſſen; theuer werden ſie damals ihre Landgüter gewiß nicht

---

*) Gutbronn, Erinnerungen an Hamburg. Leipzig 1803 S. 27.
**) Grotii Epistolae (1687) p. 108; Epistolae ad Gallos (1650) p. 334.

bezahlt haben. Major Krause that bereits durch Kauf und Tausch nicht wenig für die Arrondirung des Besitzes.

Im Jahre 1645 kaufte der Hamburger Kaufmann Antonio de Labestrat (er unterschreibt selbst: de la Biestraet) den Hof für 2100 Reichsthaler. Seine Familie, eine der bekanntesten niederländischen Familien in Hamburg, behielt ihn über ein halbes Jahrhundert; um der Landwirthschaft willen wird sie dies schwerlich gethan haben; denn nach einem Cataster von 1685 ergaben die Ländereien des Hofes nur eine Ernte von 12—15 Fuder Roggen, 5—8 Fuder Hafer, ½—1 Fuder Buchweizen, während als Weide für die 6 Stück Rindvieh, 36 Schafe und 4 Pferde lediglich die Gemeinweide der Dorfschaft benutzt wurde. Im Anfange des 18. Jahrhunderts werden auch hier Officiere als Besitzer genannt: Capitän von Brandt, dann Obrist Hanßen, der ihn von dem inzwischen zum Major avancirten Herrn von Brandt 1711 für 900 Reichsthaler erstand; aus seinem Nachlasse und zwar ex concursu brachte ihn 1717 der Secretarius Griesch für 7000 ℳ an sich.

Um 1762—1780 befand sich der Hof in den Händen von Ambrosius Heinrich Piccard und seinen Erben; dann wurde er getheilt: den nördlich von der jetzigen Kirchenstraße belegenen Theil (Nr. 47) behielt die Familie Piccard, die ihn erst später an de Boor veräußerte; gegenwärtiger Eigenthümer: Elmenhorst. Der südlich von der Kirchenstraße belegene Theil dagegen kam zuerst in Erbpacht an den Engländer Hutchinson, dann als freies Eigenthum an Aug. Simons, endlich an Robert Flor, bis ihn schließlich Dr. Godeffroy mit seinem Besitze vereinigte.

III. Noch ein dritter Hof in Dockenhuden gelangte schon vor dem Dreißig= jährigen Kriege in die Hände wohlhabender Hamburger; es ist derjenige, der den Grundstock zu dem großen, von Cesar Godeffroy angelegten (jetzigen Wriedt'schen) Parke gebildet hat (Nr. 42). Das zugehörige Haus lag seit Alters ungefähr da, wo noch jetzt das Herrenhaus dieses Parkes sich befindet, nur etwas weiter nach Norden.

Im Jahre 1620 verkaufte ihn der Bauer Jochim Könke an den ehrenfesten, hochachtbaren und vornehmen Albrecht Oldehorst, Bürger in Hamburg, für 530 ℳ; Oldehorst wird anderweitig als „Wandschneider" d. h. Tuchhändler bezeichnet, welcher Geschäftszweig damals zu den bedeutendsten in Hamburg gehörte. Aus dem Nachlasse von Oldehorst gelangte der Hof 1624 für 4000 ℳ an Hans Lauch und 1631 für 2400 ℳ an den Oberstlieutenant Joh. Heinr. Kugler, der ihn durch mehr= fache Tauschacte arrondirte. Sein Nachbesitzer war abermals ein Kriegsmann: Oberst= lieutenant de Wahle, der als Eigenthümer schon 1640 genannt wird. Seine Erben verkauften das Gewese 1650 für 2100 Thaler an den Hamburger Kaufmann Antony Bailly, der es 1669 für 9000 ℳ an Andreas Tom Loo veräußerte, Beide von niederländischer Abkunft. Im Jahre 1698 kam der Hof an den Rath von Silberstern, und 1707 cedirte ihn der Capitän Johann Janssen von Silberstern für 2000 Thaler an seine Gattin Margarethe Dorothea. Im Jahre 1716 gelangte er unter den Hammer,

worauf ihn am 28. December 1716 Johann Georg Schumacher für 1550 Reichs=
thaler an sich brachte.

Am 30. April 1738 übertrug Isaac Denner, von der bekannten Altonaer
Mennoniten=Familie, mit Vollmacht seines Schwagers Franz Jacob Schumacher in
Amsterdam, den von Johann Georg Schumacher hinterlassenen vollen Bauhof, nebst
dem sogenannten „Essens halben Hof" an seine Schwägerin Jungfer Anna Barbara
Schumacher. Dieser halbe Hof, südlich von dem Schumacher'schen belegen, hatte seit
etwa 1700 dem Obristen von Essen gehört (vorher Claus Blome), lag aber jedenfalls
schon 1719 wüst und wurde 1731 mit dem Schumacher'schen vereinigt. Dazu gehört
auch der Platz „die Bost", der anderweitig „die Borst" genannt wurde, wahr=
scheinlich der Rest eines weit größeren Stückes Vorland, das gleich den Marsch=
ländereien in Nienstedten und Blankenese schon frühzeitig durch das Wasser fort=
gespült worden ist.*) Um 1738 errichtete Isaac Denner hier an der Elbe die früher
erwähnte Amidamfabrik und ließ sich dazu „einen unbefriedigten Platz am Berge, die
Bost genannt", anweisen, nebst einem schmalen Strich „zwischen den beiden alten
Wällen"; „weil aber die sogenannte Bost von des Besitzers eigenem abgeschossenem
oder heruntergestürztem Ackerlande entstanden war", wurde der ganze Besitz nur mit
¼ Bauhof bei der Steuerpflicht angerechnet. Das Herunterstürzen des Erdreichs war,
wie wir wissen, auch in Blankenese und Nienstedten ehemals eine oftmals beklagte
Erscheinung; darum kann die Bost doch schon sehr viel früher dagewesen sein.

Das Denner'sche Gewese kam nebst der Amidamfabrik 1751 für 3500 ℳ an
Stephan Cornelius Heybrock, der um dieselbe Zeit auch die Schumacher'schen 1½ Höfe
erworben haben muß. Heybrock machte 1755 Concurs und der ganze Besitz gelangte
1756 für 13 200 ℳ an Johann August Bleis, 1759 für 16 000 ℳ an J. T. Gensch
und E. Specht, darauf an Joh. Friedr. Lange, sodann an den Weimarischen Stall=
meister von Festen, der das sogenannte „Denner'sche Wesen" 1767 für 4200 ℳ
erstand, den Schumacher'schen und Essen'schen Hof dagegen — mit ⅞ Bauhof berechnet
— im gleichen Jahre an Peter Diedrich Tönnies für 20 500 ℳ weiter verkaufte.
Die „Bost", auf der damals sich nur eine Ziegelei befand, blieb seitdem von den
übrigen Schumacher'schen Ländereien getrennt; spätere Besitzer: 1793 der Sprachlehrer
Lütjens, 1797 Henry Simons (der dort das erste Gartenhaus errichtete), dann
Ramée u. A., Richard Godeffroy, der Erbauer des jetzigen Hauses, endlich Gottlieb
Jenisch, dessen Familie die Bost noch jetzt besitzt.

Peter Diedr. Tönnies scheint seinen im Jahre 1767 erstandenen ⅞ Bauhof
nicht lange behalten zu haben. Sein Nachbesitzer war der aus Reval stammende
angesehene Hamburger Kaufmann Berend Johann Rodde, der noch weitere

---

*) Schon Lappenberg hat (Elbkarte S. 87) auf den im Anfange des 13. Jahrhunderts
vorkommenden Hamburgischen Domherrn Mag. Ludbert de Borst hingewiesen; L. nennt den Ort
auch stets die „Borst"; so wird der Name im Pinneberger Amtsbuche 1751 und im Dockenhudener
Erdbuche 1790 ebenfalls geschrieben, sonst stets „Bost".

1¹/₂ Bauhof hinzukaufte, nämlich den ex concursu gelösten vollen Heitmann'schen Bauhof und das Eggerstedt'sche Wesen. So besaß er jetzt zusammen 3¹/₄ Bauhöfe und damit den größten Landcomplex, der damals in unserer Landschaft in einer Hand vereinigt war. Robbe starb 1786 in Dockenhuden, 65 Jahr alt, und wurde mit großem Gefolge aus Hamburg in Nienstedten beerdigt. Sein Hauptgrundbesitz aber wurde meistbietend verkauft. Am 30. October 1786 übertrugen die Administratoren und Handlungs-Assistenten der Firma Robbe (nämlich: Th. Lavezzari, Chargé d'affaires, General-Consul Johannes Schuback, die Firmen Averhoff, von Scheven, sowie Poppe, de Chapeaurouge & Co.) die 3¹/₄ Höfe an Johann Cesar Godeffroy, der mit 33 100 ℳ Meistbietender geblieben war.

Johann Cesar Godeffroy, der Begründer der Weltfirma J. C. Godeffroy & Sohn, begann auf dem umfangreichen Landgute einen englischen Park anzulegen und ließ durch Hansen ein Wohnhaus nach italienischer Bauart errichten mit der Inschrift „der Ruhe weisem Genuß". Sein gleichnamiger Enkel († 1885) hat die Gartenanlagen und Anpflanzungen mit Liebe und Geschmack erweitert, bis schließlich hier der, neben dem Flottbeker Parke, schönste und größte Park der ganzen Gegend entstanden ist. Der Enkel hat ferner in anderen Theilen der Landschaft nach und nach nicht weniger als 3300 Morgen meist öder Sand- und Moorländereien erworben und hat solche zu großartigen Aufforstungen verwendet. Die Landschaft ist ihm für diese That, deren Früchte seine Familie leider nicht mehr ernten konnte, auf alle Zeiten zu Danke verpflichtet.

IV. Nach der „Kaiserlichen Zeit" (1627—1629), als so viele Höfe in unserer Gegend wüst lagen, theilte dieses Schicksal auch der Brandt'sche Hof in Dockenhuden, weshalb ihn im Jahre 1631 Asmus Hosemann aus Lübeck um ganze 90 ℳ übernehmen konnte. Er kam dann (vor 1640) in den Besitz des Niederländers Joachim Heuß (Heusch) aus Hamburg und befand sich etwa von 1680—1720, vielleicht noch länger in den Händen der Familie Breuer, die auch einen zweiten seit der Kaiserlichen Zeit wüsten Hof in Dockenhuden, den des Amtmanns Johann Goßmann, zeitweilig bewirthschaftete. Auf dem anderen Hofe befanden sich 1685: 4 Pferde, 10 Stück Rindvieh, 40 Schafe und 2 Schweine; geerntet wurden damals 9—10 Fuder Roggen und 3—5 Fuder Hafer.

Geraume Zeit bleibt dann die Geschichte dieses Besitzthums im Dunkeln. Aber im Jahre 1762 wurde es von dem Königlich Schwedischen Archiater (Oberarzt) Chr. Henr. von Hiarne für 9500 ℳ erstanden. Das dabei aufgenommene Inventar führt insbesondere auf: 160 Hamburger Himpten = 6000—7000 □Ruthen Ackerland, eine große Wiese, auf der 12 Kühe und Pferde früher völlig ausgeweidet worden waren, die damals aber zur Heuweidung diente, zwei Küchengärten und den mit einer lebendigen Hecke umgebenen Obst- oder Grasgarten, das vor drei Jahren, „modern" erbaute Wohnhaus mit 7 Fuß hohen Fenstern und großen Scheiben ganz massiv aufgeführt, mit einem Dachstuhl und Brandmauern, wie sie sonst damals in hiesiger Gegend noch gar nicht eingeführt waren; in dem Hause befanden sich

5 Stuben in einer Folge, alle 11 Fuß hoch, eine Kammer mit großem Alkoven, eine Giebelstube, im Souterrain: eine Domestiquenstube, Küche, Diele, 3 Keller. Am Wohnhause waren zwei kleine Flügel angebaut, die als Remise dienten. Ferner werden angeführt: ein „neues Wohn- und Viehhaus" nebst Scheune zur Landwirthschaft, 80 Fuß lang, mit einer 28 Fuß breiten Dreschdiele usw., noch ein Gebäude mit 2 Wohnungen, ein Fischteich mit Karuschen, Schleyen und Aalen besetzt, 8 Kühe 2c. Pferde waren nicht vorhanden, weil die Bestellung des Ackers, nebst den nöthigen Fuhren, weit wohlfeiler um Lohn zu erlangen war. Daß die Landwirthschaft auch bei diesem Besitze schwerlich die Hauptsache für den Besitzer war, scheint mir aus dem Inventar hervorzugehen.

Der Hof kam 1764 für 7000 ℳ an den Stallmeister von Festen, 1768 für 12 000 ℳ an Israel Samson Popert. Spätere Besitzer: der Engländer James Stephen, C. W. Koch, A. Münchmeyer (Nr. 44).

Die sonstigen Gärten und Parks in Dockenhuden sind erst seit dem Ende des vorigen Jahrhunderts entstanden.

Nienstedten. Hier können wir die Geschichte der einzelnen Grundstücke nur ausnahmsweise verfolgen; meist müssen wir uns auf die Wiedergabe der Verkaufs- und Tauschacte beschränken:

Im Jahre 1619 besaß in Nienstedten Nicolaus Hardekopf, Pfarrer zu St. Nicolai in Hamburg, ein Haus nebst Garten, dessen Vorbesitzer ein dortiger Bauer Namens Marten Lüdemann gewesen war; Hardekopf cedirte das Grundstück damals an Tidtke Rickborn in Tausch gegen dessen Haus nebst Garten; ferner erwarb er 1622 von Heinrich Rickborn für 350 ℳ noch ein Haus nebst Hof, wie er denn überhaupt damals und später in unserer Gegend einen starken Handel mit Grundstücken betrieb: er kaufte mitten im „Kaiserlichen Kriege" noch zwei weitere Grundstücke, nämlich am 1. Mai 1628 ein kleines Haus von Hans Blome, am 5. Februar 1629 für 300 ℳ den wüsten Hof von Hans Hilgenfeld, wobei er als der „wohlehrwürdige und urgelahrte Herr Nicolaus Hardekopf" bezeichnet wird, endlich bald darauf noch zwei Höfe (von Lütkens und Chr. Schmidt), deren einer ebenfalls im Kriege völlig verwüstet war. Dagegen verkaufte er den von Tidtke Rickborn stammenden Hof am 23. Januar 1630 weiter an den „wohlehrbaren und vorgeachteten Bertram Pape, vornehmen Bürger und Handelsmann in Hamburg" für 500 Thaler; damals befand sich auf dem Grundstück auch ein „Lusthaus", das der Pastor aber abreißen lassen mußte; bewohnt wurde das Haus von einem Bauern, der jetzt erst dem Hamburger Kaufmanne Platz machte. Wir ersehen hieraus, daß der Garten früher als Lustgarten gedient hatte, was aber in der Kriegszeit natürlich nicht mehr möglich gewesen war.*)

---

* Nicolaus Hardekopf wurde später Senior; er war ein ungemein fruchtbarer theologischer Schriftsteller; vgl. das Hamburger Schriftsteller-Lexicon. Auch in Klein-Flottbek kaufte er nach der Kaiserlichen Zeit jene drei Höfe (darunter zwei wüste), aus denen 160 Jahre später Baron Voght seinen herrlichen Park bildete. — Um 1700 verehrte Tobias Hardekopf aus Ostindien der Nienstedtener Kirche eine Altardecke.

Im Jahre 1640 besaß Hardekopf zu Nienstedten noch vier Höfe, von denen zwei wüst lagen; drei davon kamen dann in die Hände des Barbiers Valentin Eugenius und um 1700 an die Anna Maria von Köllen, worauf sie wieder getheilt wurden; der vierte Hof blieb noch längere Zeit im Besitze der Familie Hardekopf.

Der vorhin genannte Bertram Pape hatte in Nienstedten schon vor dem Dreißig-jährigen Kriege auch anderweitig Grundbesitz gehabt, ebenso der uns von Dockenhuden her bereits bekannte Hamburger Hans Lauch. Bertram Pape gerieth später in Ver-mögensverfall; u. A. hatte er sich mit den Engländern John Stamp und Philip Frey in einen weitausschauenden Eisenhandel eingelassen; daraus entstanden Processe und schließlich übernahmen die Engländer nach Pape's Tode 1647 dessen Nienstedtener Besitz.

Im Jahre 1660 wohnte zu Nienstedten — wie es scheint, auf einem vorher dem Hamburger Melcher Warner gehörigen Grundstücke — der Engländer Thomas Ruggels, der draußen 1663 starb, worauf seine Wittwe wohnen blieb, bis 1672 die englische Adventurers-Compagnie in Hamburg veranlaßte, daß der Besitz veräußert wurde, der dann an Christof Hering, 1689 für 380 ℳ an Hans Jürgen du Roy und 1690 für 700 ℳ an Lic. Vincentius Placcius gelangte.

Von 1657—1688 hatte auch die schon wiederholt genannte niederländische Familie Labistrat in Nienstedten Grundbesitz, nämlich 27—28 Scheffel Saatland, eine Wiese nebst 4 Pferden, 6 Kühen u. s. w. Dieses Land kam dann nach einander in die Hände von Commissarius von Gehren, Hempell, Excellenz von Güldenlöw und Hauptmann Zeitz, der den Besitz 1704 für 7000 ℳ erwarb und für 10 000 ℳ an den Baron Friedr. Christian von Kielmannsegge weiterverkaufte. Dieser kaufte 1707 auch jenes ursprünglich von Hans Hilgenfeld herrührende Grundstück für 4000 ℳ. Im Jahre 1717 aber wurden beide Höfe zusammen von seinem Sohne, Freiherrn Hans Heinrich von Kielmannsegge für 7000 ℳ an die Wittwe Dorothea von Ahlefeld, geb. v. Rantzau, veräußert; dabei wird erwähnt, daß sich in dem größeren der beiden Häuser vier mit Goldleder beschlagene Stuben befanden; es war also ein schon mit großem Luxus ausgestatteter Landsitz. Er kam dann an Simpson und wird seitdem geraume Zeit als der „Simpson'sche Hof" bezeichnet.

Im Jahre 1754 veräußerten Richard Torrington, Pierre Boué und Söhne, sowie Georg Hamfeldt in Hamburg als Curatoren des Simpson'schen Vermögens den Hof in Nienstedten an Etatsrath von König für 19600 ℳ. Darauf gelangte er in die Hände des regierenden Grafen Wilhelm zu Schaumburg-Lippe, dessen Vertreter, der Kaufmann Chr. Dom. de la Chambre, ihn 1765 an Chr. Meyer für 8100 ℳ verkaufte, mit allem Zubehör, worunter auch die im Garten befindlichen Statuen und in Kasten eingepflanzten Lorbeerbäume. Chr. Meyer kaufte noch Land hinzu, und das Ganze wurde dann von dem Conferenzrath Grill erworben, der es 1790 für 18000 ℳ dänisch Courant an Joh. Casp. Lecke verkaufte. Spätere Besitzer: Herm. Lübbert, d'Albert, ein Adjutant des französischen General Frère. In der Zeit dieser Besitzer (1800—1810) wurde der Hof stark verwahrlost und kam darauf nebst einigen 40 Tonnen guten Landes, einem über 14 Morgen großen Garten mit trefflichen Linden, vielen alten Obstbäumen, einem Tannenwäldchen, in die Hände des mehrerwähnten Institut=Vorstehers Köhnke, später in die von Arnemann; doch wurde inzwischen Manches davon veräußert und vertauscht: an Baron Voght („Rettel= hof", jetzt „Quellenthal"), an Vidal u. s. w.

Dies ist das Landgut, welches im Jahre 1864 der Herzog Friedrich von Augustenburg, der Vater unserer Kaiserin Augusta Victoria, kaufte und bis zum Jahre 1866 bewohnte. Jetzt befindet es sich im Besitze der Familie Newmann.

Seit dem Anfange des vorigen Jahrhunderts begann in Nienstedten und Klein= Flottbek — in Dockenhuden schon früher — die lange Reihe der Niederlassungen von Mennoniten=Familien, der von der Smissen, de Voß, von Hoven, Koop u., Roosen, Rahusen u. A., die zwar theilweise Erwerbszwecke in unserer Gegend ver= folgten, indeß zweifellos sich schon frühzeitig hier auch erfreuen wollten. Größtentheils sind sie noch der Gruppe der niederländischen Gartenbesitzer zuzurechnen, deren Einfluß erst in den letzten Jahrzehnten des vorigen Jahrhunderts dem der Engländer zu weichen begann.

Die Engländer. Bis gegen die Mitte des 18. Jahrhunderts gab es be= kanntlich in Europa noch keine Gärten, welche die freie Natur, unter künstlerischer Steigerung ihrer Wirkungen, nachahmen sollten, sondern nur streng stylisirte Gärten mit mächtigen, geschorenen Heckenmauern und Alleen, schachbrettartig gepflanzten Baum= gärten, symmetrischen Bassins und Wasserkünsten, zahlreichen Statuen, Vasen, Grotten u. s. w. mit Beeten, die wie Teppichmuster aussahen, Orange= und Lorbeer= bäumen in Kübeln u. s. w., kurz, Gärten, die den Eindruck architektonischer Kunstwerke machen sollten und auch thatsächlich machten, die also jedenfalls möglichst weit von Nachahmung der freien Natur entfernt waren. Was wir von den älteren Gärten unserer Landschaft wissen, läßt darauf schließen, daß in ihnen ebenfalls solche Künste getrieben wurden, indeß wohl niemals in großem Maßstabe; vielmehr wird es sich dabei stets nur um die nächste Umgebung der Häuser gehandelt haben. Jedenfalls zeigt eine gute Karte von Dockenhuden aus der Zeit um 1770 (im Besitze des Herrn C. Godeffroy) nur ziemlich bescheidene Anlagen solcher Art, und auch daß diese bei den zahlreichen, von uns erwähnten Verkäufen fast nie ausdrücklich als vorhanden bezeichnet werden, spricht für ihren mäßigen Umfang. Alles Uebrige bestand nach wie vor aus Acker= und Wiesenland, Obst=, Küchen= und Grasgärten ohne Ansprüche auf besondere Befriedigung des Schönheitssinnes.

Nun begann in England seit dem Anfange des vorigen Jahrhunderts unter dem Einflusse von Dichtern und Malern eine starke, den stylisirten Gärten feindliche Strömung sich geltend zu machen, die gegen Mitte des Jahrhunderts bereits zur Ausführung mehrerer größerer Gartenanlagen nach einem neuen, der Natur abge= lauschten Style führte. Sie dienten dann als Vorbilder für zahlreiche „Englische Gärten" und „Englische Parks" in ganz Europa; denn überall begann man sich unter

7*

dem Einflusse des erwachenden Empfindens für die Schönheit der freien, ungekünstelten Natur von den Gärten der Zopfzeit, des Roccoco abzuwenden.

An der Elbe hatten einzelne Engländer schon früher Gärten besessen, so Thomas Ruggels in Dockenhuden bereits im 17. Jahrhundert, Francis Strathford, Christopher Watkinson und John Thornton (sämmtlich in Hamburg wohnende Kaufleute), ober= halb Neumühlen's im ersten Drittel des 18. Jahrhunderts. Doch erst seit etwa 1770 begann eine fortlaufende Reihe englischer Gartengründungen an der Elbe, die zweifellos mit der neuen Richtung der Gartenbaukunst zusammenhängt.

In Nienstedten hatte um 1764 der Pastor Brandorf ein stattliches Haus gebaut, das er bald darauf nebst dem zugehörigen Garten und sonstigen Ländereien für 12000 ₰ an den Major von Barnekow veräußerte. Einige Jahre später gelangte es in die Hände des Engländers John Blacker, der es indeß schon 1772 an die Frau Geheimräthin von Ahlefeld geb. Grote verkaufte; 1779 kam es für 5000 ₰ an John Parish, während Blacker im gleichen Jahre bei Neumühlen ein Grundstück und 1780 ein zweites erwarb, wo er wohl schon damals, ganz sicher aber seit Anfang der neunziger Jahre Anlagen nach englischer Art ausführen ließ; es sind die Anfänge der Parks von Donner und Heine. Um die gleiche Zeit erbauten bei Blankenese die Gebrüder Lodge eine Cottage mit Strohdach an einer Stelle mit herrlicher Aussicht (jetzt in Baur's Park). Anfang der neunziger Jahre werden von solchen neuen Anlagen nach englischer Manier bereits erwähnt die von John Parish und John Thornton in Nienstedten, von James Stephen und Hutchinson, von Joseph Blacker auf dem Krähenberg bei Blankenese. Die Aussicht dieser letzterwähnten Anlage wird von den Zeitgenossen gerühmt, aber sie tadeln, daß sie auf einem Sandberg sich befand, auf dem kein Grashalm wuchs. Das stattliche Haus war vollständig aus England möblirt, es enthielt „eine ganze Enfilade von Zimmern in einem Souterrain, die man bewohnt, in denen man schläft, ißt, lebt, wenn die oberen Zimmer zu warm sind; so viel wendet man hier darauf, eine schöne Aussicht zu haben".[*) Der Krähenberg gelangte 1816 in den Besitz der Familie Roß, die ihn erst in jüngster Zeit veräußerte; das Haus scheint ebenfalls in dem alten Zustande geblieben zu sein; das Mobiliar wenigstens zeigte, als ich es vor einigen Jahren sah, noch theilweise den Styl des Empire.

In Klein=Flottbek siedelte sich bald darauf die Familie Hanbury an, in Nien= stedten zeitweilig ein Burrowes, in Blankenese ein Humphreys u. s. w. Aber die größten und schönsten „Englischen Parks" unserer Landschaft rühren doch nicht von Engländern her, sondern von Hamburgern und Altonaern; ich nenne den Park des Baron Voght, die Parks von Johann Cesar und Peter Godeffroy, sowie Baur's Park. Unter allen diesen Anlagen endlich hat keine so wohlverdiente Berühmtheit und so weitreichenden Einfluß erlangt, wie der Park des Baron Voght. Mit ihm müssen wir uns daher zum Schlusse noch etwas eingehender beschäftigen.

---

*) Ewald, Fantasieen auf einer Reise durch Gegenden des Friedens (1798) S. 98.

Die Vorgeschichte des Flottbeker Parks. In Klein-Flottbek gab es seit Alters vier volle Bauhöfe, dann noch einen halben Bauhof und einen kleinen Köthner, deffen Stelle etwa seit 1710 als ein Viertel Bauhof bezeichnet wird. Beiläufig gesagt: der halbe Bauhof befand sich etwa von 1750—1890 im Besitze der Familie Möller, und der viertel Bauhof befindet sich noch jetzt seit 1694 im Besitze der Familie Biesterfeld. Wir haben es hier aber nur mit den vier vollen Bauhöfen zu thun.

Von dreien dieser Höfe können wir die Namen der Besitzer schon für die Zeit vor dem Dreißigjährigen Kriege nachweisen; sie hießen Hans Hintze, Tietke Lange und Heinrich Sellmann. Bis zur „Kaiserlichen Zeit" werden ihre Höfe wohl Jahrhunderte lang verhältnißmäßig ungestört jahraus, jahrein bebaut worden sein. Als aber Tilly's Schaaren sich über unsere Landschaft ergossen, wurden zwei der Höfe derart verwüstet, daß die Besitzer sie im Stiche lassen mußten, sofern die Bauern nicht getödtet wurden; seitdem gab es nur noch auf dem Hofe von Heinrich Sellmann eine menschliche Wohnstätte, während die anderen beiden wüst liegen blieben. Dies benutzte der uns bekannte Hamburger Pastor Nicolaus Hardekopf, der bereits vorher in Nienstedten Grundbesitz erworben hatte und dieses Geschäft dort während wie nach der Kaiserlichen Zeit rege fortsetzte: er brachte auch die drei Flottbeker Höfe an sich. Wann dies geschah, war bisher nicht zu ermitteln, ohne Frage zwischen 1629 und 1640; denn 1629 lieh er noch an Sellmann 40 ℳ auf seine Hofstätte und eine Wiese „im Bohnshoep", 1640 aber waren alle drei Höfe schon in Hardekopfs Händen, wie aus einem Steuerregister zu entnehmen ist. Wir wissen ferner aus einem Verkaufsacte von 1670, daß die Wittwe „Seiner Wolwürden Herrn Mag. Nicolai Hardekopfen, weiland hochberühmten Senioris, hochgelahrten und fürtrefflichen Predigern bey der Kirchen St. Nicolai in Hamburg, ruhmlichsten Gedechtnuß" im Jahre 1656 die drei Höfe an Hans Bremer, Amtmann zur Hatesburg, verkaufte; leider kennen wir den Kaufpreis nicht; wohl aber wissen wir, daß am 14. März 1670 Hans Bremer die drei Höfe nebst dem auf Sellmanns ehemaligem Hofe stehenden, kurz vorher verbesserten Wohnhause, der unlängst erbauten Scheune u. s. w. für 4900 ℳ an Abraham Bahte in Hamburg verkaufte. Die nächsten zwei Besitzer waren: 1677—1704 der Postmeister Heinrich Bremer in Hamburg, 1704—1712 Dr. Hermann Langenbeck, „wohllöblicher der Stadt Hamburg wohlbestallter Secretarius", der die drei Höfe am 10. Mai 1712 an den Mennoniten Diedrich von Hoven in Altona für 15 300 ℳ verkaufte.

Ein Kataster vom Jahre 1685 läßt uns den damaligen Zustand der drei Höfe erkennen; sie enthielten zusammen 25 Scheffel königliche Maße an „sadigen Ländereien" (Ackerland) und 7 Fuder Wiesenland; auf ersteren wurden geerntet: 26—30 Fuder Roggen, 2—3 Fuder Gerste, 10—16 Fuder Hafer. Es befanden sich bei dem Lande: 6 Pferde, 11 Stück Rindvieh, 50 Schafe, 3 Schweine. Der Besitzer klagte, daß in der Kriegszeit „verschiedene Wiesen und Ländereien in die Elbe gefallen, auch manche verkauft seien."

Die Höfe blieben nun bis 1785 bei der Familie von Hoven; der erste Er=
werber dieses Namens klagte 1727, daß es ihm wegen Mangel an Wiesen schwer
falle, das für die drei Höfe erforderliche Vieh zu halten, und daß er zur Conser=
vation der Höfe und Abtragung der darauf bestehenden Abgaben ein Nebengewerbe
anfangen müsse, wozu er aber vor der Hand nichts Anderes wie eine Wachsbleiche
auszufinden wisse. Darauf gestattete ihm der König in der That, einen solchen Betrieb
anzulegen, der seitdem genau ein Jahrhundert bestanden hat und zwar nach Diedrich
von Hoven's Tode (1752) im Besitze seines Schwiegersohnes Abraham Koopman,
der die Wachsbleiche an seine Nachkommen vererbte, bis der Baron Vogt sie 1828
mit seinem Gute wieder vereinigte.

Im Jahre 1730 überließ ferner Diedrich von Hoven an denselben Abraham
Koopman einen Lustgarten, „zwischen den beiden Eichenremelsen" 56 Ruthen lang
und 12 Ruthen breit, in Erbpacht; wie aus der von uns vervielfältigten Karte von
1734 hervorgeht, stand in diesem „Neuhof" oder „Eichenlust" genannten Garten
damals schon ein Haus; er gehört zu den ältesten Lustgärten der ganzen Gegend;
spätere Besitzer: Janssen, Göring u. s. f., jetzt Warburg.

Am 22. December 1779 überließen die Erben des Diedrich von Hoven
die drei Höfe an den Miterben Jan von Hoven in Maarsen (Utrecht) für die
von der Mutter bestimmte Summe von 18 000 ℳ Courant; Jan von Hoven
wurde dabei durch den Zucker=Raffinadeur Johann Koenen vertreten. Von dem
Verkaufe ausgenommen blieben einige, den unverheiratheten Demoiselles Magda=
lene und Elisabeth von Hoven vorbehaltene Grundstücke. Auch der „Papenkamp"
ganz im Norden der Klein=Flottbeker Gemarkung, blieb vom Verkaufe ausgenommen; er
kam später an Abraham Koopman, dann an Friedrich Koopman, jetzt: Pastor Roosen.
Endlich gelangten die dem Jan von Hoven nunmehr gehörigen drei Höfe nach dessen Tode am
21. November 1785 zur öffentlichen Versteigerung, in der sie von Caspar Vogt für
29 100 ℳ erstanden wurden; die Gebäude waren damals mit 8300 ℳ versichert, und
es scheint, daß nur zwei Knechte, ein Gärtner, sowie ein Junge zu jener Zeit dauernd
auf dem Gute beschäftigt wurden.

Der vierte Klein=Flottbeker Bauhof befand sich von 1640 bis etwa 1700 bei
der Familie Timmermann, dann bis etwa 1760 bei der Familie Behrmann*), nun
abermals Timmermann, darauf Joh. Georg Ziegler, der den Hof 1779 für 14 000 ℳ
an Peter Münster verkaufte; 1783 gelangte er für 13 000 ℳ an Anton Friedr. von
Winthem und wurde endlich am 19. August 1786 auch von Caspar Vogt für
16 500 ℳ erstanden; das zugehörige Haus war für 5150 ℳ versichert.

Caspar Vogt besaß also jetzt vier offenbar wenig einträgliche Bauernhöfe nebst
zwei Bauernhäusern und den dazu gehörigen Nebengebäuden, die ihn zusammen
45 600 ℳ kosteten, für damalige Zeiten ein hoher Kaufpreis. Johann Cesar Godeffroy,

---

*) Diese Familie verwaltete damals zeitweilig die Vogtei von Klein Flottbek, weshalb die
dazu gehörigen Ländereien auf der Karte von 1734 als „des Vogts Land" bezeichnet sind.

der seinen Besitz um dieselbe Zeit erwarb, bezahlte für 332 Königs-Himptsaat (zu 100 □Ruthen à 16 Hamburger □Fuß) 33 100 ℳ, Voght dagegen 45 600 ℳ für 366 Königs-Himptsaat; jener bezahlte also rund 100 ℳ, dieser rund 124 ℳ für die Königs-Himptsaat, und dabei war die Güte des Dockenhudener Landes im Durchschnitt wesentlich derjenigen des Flottbeker überlegen. Der Gedanke, aus den vier Höfen einen „Englischen Park" zu machen, wurde in Voght, wie er selbst später gesagt hat, erst einige Zeit nach dem Kaufe rege; indeß nach der Aussage eines seiner Freunde scheint es, daß er jedenfalls Flottbek schon in der Absicht kaufte, dort einen großen Theil seiner Zeit der Natur, seinen Freunden und der Wissenschaft zu leben; er wird also das in den Höfen angelegte Capital von Anfang an nicht ausschließlich als Capitalanlage betrachtet haben. Doch wir müssen jetzt die Gestalt dieses bedeutenden, wie für Hamburg so auch für unsere Landschaft bahnbrechenden Mannes zunächst etwas näher kennen lernen, sie den Bewohnern unserer Landschaft wieder ins Gedächtniß rufen, soweit das für unsere eng begrenzten Zwecke nöthig und auf Grund des bisherigen Materials möglich ist.

Leider fehlt uns noch immer die von Lappenberg schon vor 50 Jahren vermißte Biographie Voght's und nicht einmal von seinem als überaus werthvoll geschilderten Tagebuche, von seinem ausgedehnten Briefwechsel mit hervorragenden Männern aller Länder ist bisher Nennenswerthes aus Tageslicht gekommen. Was wir vom Baron Voght wissen, entstammt theils den unmittelbar nach seinem Tode erschienenen kurzen Nachrufen, theils den Aufzeichnungen seiner Freunde Johann Georg Rist und Piter Poel. Es ist bei Weitem nicht ausreichend, um seine große Bedeutung für Hamburg, für das deutsche Geistesleben, für die deutsche Landwirthschaft richtig würdigen zu können. Diese wichtigsten Seiten seiner Wirksamkeit können hier kaum gestreift werden; wir müssen uns beschränken auf dasjenige, was Voght für Flottbek und seine Umgebung bedeutet.

Baron Voght.*) Caspar Voght, zu Hamburg am 17. November 1752 als Sohn des kaufmännischen Senators Voght geboren, war in seiner Jugend im ausgedehnten Geschäfte seines Vaters thätig, das er nach dessen Tode (1781) zusammen mit seinem Freunde Johann Georg Sieveking übernahm; doch hatte er sich schon seit seinem zwanzigsten Lebensjahre durch weite Reisen gebildet. Seine auf solche Weise noch gesteigerte Wißbegierde — so berichtet Piter Poel — ließ ihn „keine Gelegenheit versäumen, zu den erlangten Kenntnissen neue hinzuzufügen und bewahrte ihn vor dauernder Einseitigkeit, so sehr es auch sonst in seiner Eigenthümlichkeit lag, sich jedesmal ausschließlich für den Gegenstand zu begeistern, der seine Thätigkeit gerade beschäftigte. Wenige Menschen unserer Gegend haben das Leben in so mannichfaltigen Verhältnissen, in seinen geistigen und seinen sinnlichen Genüssen so vollständig kennen gelernt, wie er. An Höfen und in allen Zerstreuungen der großen Welt, in Umgang mit Künstlern, Gelehrten und Schöngeistern aller Nationen und wiederum in länd-

---

*) Er wurde vom Kaiser in den Reichsfreiherrnstand erhoben und zwar wegen seiner Verdienste um die Reform des Armenwesens; außerdem besaß er den dänischen Etatsrath-Titel.

licher Abgeschiedenheit allein mit seinen Büchern oder im engen Kreise mit seinen vertrauten Freunden, gab er sich immer ganz der Gegenwart hin und stimmte sein Inneres völlig nach der jedesmaligen äußeren Lage. Kaum giebt es eine Wissenschaft, die er nicht mit Eifer eine Zeit lang betrieben, und kaum eine der Liebhabereien unbeschäftigter Leute, Reiten, Tanzen, Spielen, Jagen, die nicht, so wie er successive darauf verfallen, bei ihm zu einer vorübergehenden Leidenschaft geworden wäre. Aber bei allem Wechsel der Lebensweise, der Studien und der Zerstreuungen, behielt er doch immer ein Ziel gemeinnütziger Thätigkeit im Auge, das er so lange es ihm erreichbar schien, mit aller Anstrengung des Geistes verfolgte."

Baron Voghts Landhaus.

Seit 1785 fing er immer mehr an sich der Führung der Geschäfte seines Handlungshauses zu entziehen. Er legte sich auf das Studium der Astronomie, der Botanik der Landwirthschaft, Studien, die er namentlich in den Jahren 1793—1795 in England wesentlich vertiefte und erweiterte. Auf dieser breiten Grundlage begann er dann practische Versuche zur Verbesserung der Landwirthschaft in Flottbek anzustellen und den dortigen Park anzulegen, wobei ihn stets englische Vorbilder leiteten.

Was die Landwirthschaft betrifft, so war eine seiner ersten Thaten die Besserung und Ausbreitung des Kartoffelbaues. Die Holländer versorgten damals Hamburg-Altona fast ausschließlich mit Kartoffeln. Voght verschrieb nun aus Holland die hier beliebtesten Sorten zu Saatzwecken, baute davon in Flottbek ein bedeutendes Quantum und verkaufte sie, um die holländischen zu verdrängen, zunächst unter Kosten-preis. Die Absicht wurde in verhältnißmäßig kurzer Zeit erreicht, und als bald darauf die englische Elb-Blockade begann, hatte der Kartoffelbau in unserer Gegend schon so zugenommen, daß die Zufuhr von Auswärts entbehrt werden konnte, während sonst die Kartoffeln während der Blockade für die Armen gewiß kaum zu erschwingen gewesen wären. Aehnlich verfuhr Voght mit dem Anbau englischer Futterkartoffeln; auch der Kleebau wurde erst durch ihn in hiesiger Gegend eingeführt, ebenso die Ver-wendung von Steckrüben und Spörgel als Viehfutter. Er brachte Ackerbaugeräthe aus England mit und verschrieb dorther sogar Arbeiter, die sich freilich hier nicht bewährten und nur die Löhne maßlos steigerten. Dann siedelte er holsteinische Arbeiterfamilien z. B. aus der Propstei hier an, baute ihnen gesunde Wohnungen und beschäftigte sie sogar im Winter so lohnend, daß sie theilweise schließlich selbst Land erwerben konnten.

Der tüchtige Chemiker Schmeißer, den Voght in London kennen gelernt und thatkräftig unterstützt hatte, errichtete ihm in Flottbek ein chemisch-agronomisches Laboratorium. Lucas Andreas Staudinger, ihm zuerst von Klopstock zur Neu-bildung seiner 1793 verbrannten Bibliothek vorgeschlagen, errichtete auf seine An-regung und mit seiner Unterstützung 1797 in Groß Flottbek eine weitbekannte land-wirthschaftliche Schule nebst Musterwirthschaft. Hier und durch das Studium von Voght's Landwirthschaft faßte der damals unter Staudinger die Landwirthschaft studirende Johann Heinrich von Thünen die Idee seines berühmten „Isolirten Staates"; in einer von ihm 1803 verfaßten „Beschreibung der Landwirthschaft im Dorfe Groß-Flottbek" ist der leitende Gedanke des „Isolirten Staates" schon klar enthalten, der Gedanke nämlich, daß die Wahl des landwirthschaftlichen Systemes in erster Linie bestimmt wird durch die Entfernung vom Absatzorte, ein Gedanke, der gerade bei Hamburg sich dem denkenden Landwirthe zwingend aufdrängen mußte. Thünen hat auch von Voght selbst augenscheinlich viel Anregung erhalten.

Voght opferte für die Fortschritte des Ackerbaues Geldsummen, wie sie sonst kaum ein Fürst für solche Zwecke aufwendete. Er widmete diesen Zwecken ferner einen großen Theil seiner noch werthvolleren Arbeitskraft; neben den practischen Versuchen gingen zahlreiche Veröffentlichungen mehr theoretischer Art her, die 1825 gesammelt herausgegeben wurden und viel Anregung verbreiteten. Auch war er der Hauptgründer der Schleswig-Holsteinischen Landwirthschaftlichen Gesellschaft.

Schon mehr zu der gartenbaulichen Thätigkeit des Baron Voght gehört es, daß er die Baumschule des ihm aus Schottland gefolgten James Booth in Klein-Flottbek unterstützte und hierdurch den Grund zu einer Schöpfung legte, die ihrerseits bis zur

Gegenwart weithin befruchtend gewirkt hat; ist doch einem Nachkommen von James Booth erst kürzlich in der Nähe von Berlin die Begründung der schönen Villen-Colonie Grunewald gelungen, zweifellos einer der geschicktesten derartigen Anlagen, die wir in Deutschland besitzen.

Ueber die unmittelbaren Erfolge, welche Baron Voght mit seiner landwirth-schaftlichen Thätigkeit für sich selbst geerntet hat, wird verschiedenartig geurtheilt; aber die indirecten Wirkungen dieser Thätigkeit sind unzweifelhaft von höchster Bedeutung gewesen.

Die Schaffung des Flottbeker Parks. Erst ganz allmählich gelangte Baron Voght zur Schaffung eines Parks, wie es deren in solcher Eigenart nicht viele geben wird. Zunächst wollen wir hier eine Beschreibung Flottbeks aus dem Jahre 1792 wiedergeben, als der Urzustand des Gutes noch nicht in sehr erheblichem Um-fange gestört war, als der Baron Vogt noch in einem alten Bauernhause wohnte, das dort lag, wo jetzt die Verwaltungsgebäude des Gutes sich befinden, und als er lediglich nach „Quellenthal hin", das aber auch noch nicht bestand, einige Garten-anlagen versucht hatte.

„Flodbeck — so heißt es in der Beschreibung*) — gehört dem Herrn Nego-cianten Vogt und ist eins der artigsten Landgüter, die ich kenne, eigentlich sollte ich sagen: eine der artigsten Meiereien; denn aus diesem Gesichtspunkte muß diese Besitzung betrachtet werden. Es ist nur ein Bauernhaus, was da steht, aber nett und bequem, und behaglich und wohnlich. Vorn eine Diele, auf der man dröschen kann, an deren beiden Seiten Viehställe befindlich sind. Aber wenn die Gäste sich behelfen wollen, so kann da auch eine große Tafel angerichtet und im Nothfalle getanzt werden. Und wer würde sich um des angenehmen Orts und des guten Wirthes und der interessanten Gesellschaft willen, die sich da versamelet, nicht gern auf einer so reinlichen Diele behelfen, nicht immer gern den Nothfall annehmen! Hinten im Hause sind Zimmer, nicht gros, nicht prächtig möblirt, aber zweckmäßig, reinlich, simpel und geschmackvoll. Es ist ja nur ein einzelner Mann, der es bewohnt, und der sich nicht in der Lage befindet, zur Repräsentation Menschen aufzunehmen, die sich nicht mit ihm in seine Stübchen bequemen. Man bequemt sich gern, man rückt näher an einander; es ist einem doppelt so wohl als in den großen Landhäusern mit Sälen, die nichts füllen kan, als der Ennuy der vornehmen Gäste, die sich dort versamlen."

„Oben im Hause findet man eine kleine Bibliothek, sehr ausgesucht, sehr passend für den gebildeten Landmann: mehrere Kammern mit Betten, das alles ländlich, das heißt, nett und simpel und heiter, wie es dem Geiste des Orts und der Gastfreiheit seines Besitzers ziemt."

„Hinter dem Hause fängt aber eigentlich das Liebliche an. Nein! es ist nicht möglich, sich etwas Freundlicheres zu denken, als ein Mittagsmahl eingenommen unter dem Vordache an dieser Seiten des Hauses! da hat man die Aussicht auf eine Wiese, die rund herum vom Walde bekränzt wird. Zur Linken guckt unter einer Gruppe

---

*) Schleswig-Holst. Provinzialberichte 1792, S. 382 ff.

hoher Eichen ein Bauernhäuschen hervor; in der Mitte stehen einige andre Gruppen
solcher Bäume, um die rund herum Schafe mit ihren Glocken weiden und sich in
ihren Schatten lagern. Vielleicht würde es noch schöner sein, wenn man zur Rechten
eine freie Aussicht aufs Feld geöffnet hätte: aber ich mögt jezt nicht rathen, daran
zu rühren; vielleicht störte die Durchsicht das Trauliche des Plazes. Lieblicher Ort! Hätte
Plato in Hamburg gelebt, zu dir hin hätte er die Scene seines Gastmahls verlegt.“

„Alles ist in Flodbeck in einem Geiste gedacht, ein Ganzes! Die Kunst hat
nicht weiter verschönert, als in so fern sie den gütigen Absichten der Natur für diesen
Ort zu Hülfe gekommen ist. Man geht über Felder voll der schönsten Saten,
umgeben von Waldung: nun! hier sind hin und wieder ein Par Bäume ausgehauen,
um eine Aussicht zu eröfnen. Gewis, so wollte es die Natur, die Bäume standen
ihr selbst ihm Wege! Denn zeigt sie sich nun nicht viel schöner in dem großen
Beffen der Elbe, die sich zwischen den stehengebliebenen Bäumen dem Auge darbiethet,
und auf der, wie im chinesischen Blendwerk, ein Schiff mit vollen Segeln erscheint
und verschwindet! Die Gegend wird dadurch noch viel angenehmer, daß so viel
Leben in der Landschaft herrscht. Denn außer der Schifffahrt auf der Elbe geht an
ihrem Ufer eine Heerstraße her, die von einem Bach, der sich in den Flus ergießt,
durchschnitten und durch eine Brüffe wieder verbunden wird, darüber hin Reuter,
Fusgänger, Leiterwagen und Kutschen, alles im bunten Gewimmel, und außerdem
einige stille Fischerhäuser daneben, zum wahren Gemählde für die Zuschauer, die
auf den etwas höher liegenden Feldern spazieren gehn. Bald darauf komt man auf
Wiesen; hier weiden die schönsten Heerden vom größerem Vieh, und dazwischen ein
fleffigter Stier, der dem Virgil zum Muster seiner Beschreibung dieses Thiers hätte
dienen können. Dann entdeckt sich dem Auge ein geschmückteres Landhaus, das einem
anderen Besitzer gehört, und endlich tritt man in die lezte Partie dieses Landsizes,
in einen Wald, durch den ein Bach hinrieselt, der einen Wasserfall bildet, und zur
Anlegung einer Grotte der Einsiedelei in einem Hügel die natürlichste Veranlassung
gegeben hat.“ — —

„Hier, so berichtet Pieter Poel, versammelte Voght in der besseren Jahreszeit
fast jede Woche und oft auf mehrere Tage die vertrautesten seiner Freunde, wo er
ihnen in seinem einfach verzierten Landhause eine freundliche Wohnung und
immer erneute Genüsse bereitet hatte. Bald waren es Spaziergänge, die zu ge-
lungenen neuen Anlagen oder zu einladenden Lagerplätzen, wo eine Collation eingenommen werden sollte, oder zu anderen Ueberraschungen führten, bald Ausfahrten
nach den Blankeneser Bergen und dem lieblichen Mühlenthal; dann Wasserfahrten
bei stillem Wetter und im Mondenscheine in Gesellschaft seelenvoller Sängerinnen;
Tänze oder Spiele der Bauern oder Bauernkinder; im Hause die lebendigste Unterhaltung, untermischt mit Musik, oder geschmackvoll zusammengetragenen Vorlesungen
aus Lieblingschriftstellern der Engländer, Deutschen und Franzosen. An festlichen
Tagen, namentlich am Erntefeste, verwandelte sich die Landdiele in einen geschmack-

vollen, mit Brettern belegten Saal. Nahe und entfernte Bekannte, darunter geist=
reiche Männer, die schönsten jungen Frauen und Mädchen aus Hamburg, versammelten
sich hier. Vormittags sich zerstreuend, trafen sie zum Mittagessen an der unermeßlich
langen Tafel wieder zusammen, wo sie bei der allgemein herrschenden, durch die
ländliche Einfachheit des Lokals und der Bewirthung, durch circulirende lustige Ein=
fälle und Anekdoten und erweckende Lieder und Chorgesänge unterhaltenen heiteren
Stimmung, vor jedem Anfall der Langeweile gesichert waren. Dann begab man sich
wieder ins Freie, oder wenn die rauhe Abendluft dies nicht gestattete, unter einen
zeltförmigen Vorsprung des Hauses, wo man des Anblicks der von den letzten
Strahlen der Sonne beleuchteten, oder von Pechtonnen malerisch erhellten Umgebung
genoß. Endlich nahm die gereinigte und mit duftigen Kränzen behangene Diele die
tanzlustige Jugend wieder auf, die sich in ihrer, bis zum anbrechenden Morgen
währenden Freude nicht stören ließ, wenn auch die Musik zuweilen durch die un=
harmonischen Töne der hinter den zierlichen Guirlanden versteckten Kühe unterbrochen
wurde*). Der Tumult, nur mit Abwechselung der Personen und Belustigungen,
erneute sich noch wohl am folgenden Tage, ohne den bleibenden Gästen lästig zu
werden, die völlige Freiheit hatten, sich denselben zu entziehen und einsam oder in
kleineren Kreisen eine ihrer Stimmung entsprechende Unterhaltung zu suchen.“

Im Jahre 1793 brannte das alte Wohnhaus ab, und der „Tempel“ am Elb=
ufer bot nicht hinreichend Bequemlichkeit zum dauernden Aufenthalte. Auch hatte
Voght gerade damals in Hamburg unter politischem Gerede zu leiden. Kurz, er
faßte den Entschluß, auf einige Jahre unsere Gegend zu verlassen, und trat noch im
gleichen Jahre die schon mehrerwähnte Studienreise nach England an. Dort
lernte er die neue englische Gartenbaukunst an der Quelle kennen und studirte auch
die bereits nicht unansehnliche Litteratur über diesen Gegenstand. Namentlich machten
die „Unconnected thoughts on gardening“ des Dichters William Shenstone,
sowie dessen Gartenanlagen, die weitbekannten „Leasowes“ (Hirtenfelder) in Shrop=
shire bei Birmingham, auf das empfängliche Gemüth Voght's großen und nachhaltigen
Eindruck. Wie er in einem interessanten Brief mitgetheilt hat, den wir nachher zum
Abdruck bringen werden, gaben ihm die schönen Anlagen in Shropshire den ersten
Gedanken zu der „Ornamented farm“, welche nach Voght's eigener Angabe den
Charakter Flottbeks bildet.

Shenstone's großes Verdienst ist es, daß er sowohl praktisch wie schriftstellerisch
die Benutzung der vorhandenen Landschaft und die Ausbildung ihres besonderen
Charakters als das oberste Ziel der Gartenbaukunst erkannte: „Die Bodengestaltung,
die Anordnung der Bäume und die Art der Wasserläufe — alles dies muß der

---

*) Jener Zeit gedenkend, schreibt Fridrike Brun aus Copenhagen unterm 27. Mai 1820
an Poel: „Grüße mir Voght von ganzer Seele, ich denke mich mitten unter Euch hin, aber ins
alte Haus, wo die Kühe so traulich zu uns hereinguckten, wo ich Klopstock l'echarpe tricolore
umhängte, die ich im Palais Egalité gekauft, und er ein so guter Narr war, wie man leider
nicht bleiben kann, obgleich bei mir nicht sehr viel daran fehlt.“

Natur geheiligt werden, und keine Form ist zuzulassen, welche einen künstlichen Eindruck macht." Besonders schön ist dasjenige, was Shenstone von den Bäumen sagt: „Alle Bäume haben ihren Charakter, gleich den Menschen. Eichen sind in jeder Hinsicht das vollkommenste Ebenbild des männlichen Charakters. Wie ein tapferer Mann weder durch das Glück plötzlich übermüthig gemacht, noch durch das Unglück niedergedrückt wird, so entfaltet auch die Eiche nicht ihr Grün beim ersten Sonnenblick, noch läßt sie es beim ersten Anbruche des Herbstes schon fallen. Dazu kommt ihre majestätische Erscheinung, die rauhe Kraft ihrer Rinde und der weite Schutz ihres Blätterdaches. Eine breitverzweigte alte Eiche ist vielleicht das ehr-würdigste aller unbelebten Dinge." Vor hundert Jahren machten solche Betrachtungen mehr Eindruck als in unserer Zeit; doch wer den Flottbeker Park mit seinen herr-lichen Eichen kennt, wird Shenstone's Bemerkungen auch jetzt noch gerne lesen; indeß besteht zwischen den Absichten Shenstone's und denen Voght's der wesentliche Unter-schied, daß für ersteren die wirthschaftlichen Zwecke durchaus nebensächlich waren, sodaß der große Samuel Johnson ihn wegen dieser Mißachtung des Nützlichen zu hänseln pflegte, während Baron Voght den Charakter der „Ornamented farm", des landschaftlich geschmückten Gutes, also eines dem Erwerbe dienenden Grundbesitzes, festhielt und nur dort, wo nichts gedieh, die freischaffende Phantasie walten ließ.

Poel schildert, wie er zu Werke ging: „Er half der Natur nach, dem Boden gefällige Unebenheiten zu geben, befreite die Massen und Gruppen von Allem, was der reinen Auffassung ihrer Formen hinderlich sein konnte, benutzte jede Zufälligkeit einer einsam liegenden Bauernhütte, eines einzelnen, seine Aeste malerisch ausstreckenden Baumes, einer zur Anlegung einer ländlichen Brücke geeigneten Vertiefung, dem Auge Abwechselung zu verschaffen, öffnete Durchsichten, die hier das malerische Dorf, dort die entfernten Kirchen und an mehreren Stellen den majestätischen Strom in verschiedenen Einfassungen erblicken ließen, sorgte für Ruhepunkte und Hütten und verwandelte so einen wildverwachsenen, morastigen Fleck in einen Lustgarten, der die Gegend umher durch die Schaaren der an schönen Sommertagen dahin wandelnden Städter bereichert, ihr einen weitverbreiteten Ruf in der Fremde verschafft und das doppelte Verdienst eines geschmackvoll verzierten und musterhaft bebauten Landsitzes ver-einigt hat, sodaß derselbe ein Studium sowohl für den Landschaftsmaler wie für den, Verbesserungen erstrebenden Landwirth geworden ist."

Staudinger hat uns berichtet, wie Baron Voght das „Quellenthal" ge-schaffen hat. Der Fleck war früher eine dichte Wildniß von Dornen und Nesseln gewesen und hatte deshalb den Namen „Nettelhof" geführt. Voght kaufte ihn 1797 und verwandelte ihn in ein Thal von so idyllischem Reiz, daß die Zeitgenossen sich bei seiner Schilderung nicht genug thun konnten. Im Norden befand sich ein Quell-becken, ein wahrer Melusinenquell, wo zahllose kleinste Wasseradern aus dem weißen Quellsande gleichsam kochend und brodelnd zu Tage traten, weshalb das Volk den Platz „Kock=Born" nannte; von hier lief der Bach über glatte Kiesel schnell ins Thal;

unten bildete er einen etwas größeren Teich, in das sich aus dem Wurzelgeflecht einer hohen Blutbuche ein Wasserstrahl über bemooste Feldsteine ergoß, während hinter der Buche auf einem Hügel eine Mooshütte errichtet wurde, die den Spruch aufwies: Hoc erat in votis! So habe ich es mir gewünscht! Der Leser wird vielleicht erstaunt sein zu hören, daß alle diese schönen Dinge noch jetzt vorhanden sind; leider bemerkt man sie aber kaum, da das „Quellenthal", im Gegensatz zu dem wohlgepflegten Aussehen des eigentlichen Flottbeker Parks, wieder zum „Nettelhof" zu werden droht.

Quellenthal. Von Peter Suhr.

An Stelle des abgebrannten alten Bauernhauses ließ Baron Voght um 1795 das jetzige „alte Herrenhaus" errichten, das er seitdem bis zu seinem Tode bewohnte. Leider fehlt uns der Platz, um auch über seine spätere Lebenszeit, die noch ungemein viel des Interessanten bietet, ausführlich zu berichten; nur noch wenige Worte über die äußere Entwickelung seines Besitzthums. Er erweiterte und arrondirte es in den Jahren 1797—1800 durch Kauf und Tausch in Klein-Flottbek um fast die Hälfte, brachte ferner zwei Groß-Flottbeker Bauhöfe, sowie einen in Bahrenfeld an sich, bis er schließlich 1259 Himptsaat oder etwa 524½ Tonnen besaß. In dieser Größe verkaufte er das Gut, als die Kosten und Mühen der Verwaltung seine abnehmenden

Kräfte zu übersteigen drohten, im Jahre 1828 für 137200 ⅌ Banco an Senator Jenisch, worauf im folgenden Jahre König Friedrich VI. die ganze Besitzung zum Kanzleigut erhob. Baron Voght lebte dann noch zehn Jahre lang im Sommer draußen, im Winter in Hamburg, stets geistig beschäftigt als der allgemein verehrte „Erste Gentleman Hamburgs."

Er gehörte aber mindestens ebenso sehr Flottbek, wie Hamburg an; was er für Flottbek gethan hat, darf dort niemals vergessen werden; außer dem vielen schon Erwähnten, baute er den Flottbekern auch ihre Schule, gab den dürftigen Wittwen Wohnung, Feuerung, eine jährliche kleine Pension und etwas Land, unterhielt die alten Arbeiter, die kaum noch eine Schaufel heben konnten, indem er ihnen denselben Lohn gab, wie den kräftigen Arbeitern, that auch Manches für die Verpflegung der Kranken u. s. f. Alles dies konnte freilich nicht hindern, daß die Flottbeker, als sie glaubten, ein Anrecht auf einen Fußweg durch den Park zu haben, ihn vor den Pinneberger Behörden verklagten, ja ihn der Habsucht beschuldigten, was ihn mit Recht empörte und ihm manches Jahr seines Alters verbitterte. Aber auch das ging vorüber, und als er am 20. März 1839 im Alter von 87 Jahren zu Hamburg starb, gestaltete sich die Beerdigung, welche in Nienstedten stattfand, zu einer ergreifenden Kundgebung der Anhänglichkeit seitens der Klein Flottbeker Bevölkerung.

Die Leiche wurde von Hamburg unter Begleitung „reitender Diener" hinaus-gefahren. Ursprünglich wollten die Flottbeker diese Begleitung an der Grenze ihrer Gemeinde zurückschicken, was indes der Nienstedtener Pastor Clausen hintertrieb, um Unordnungen zu verhindern. Doch ließen die Flottbeker es sich nicht nehmen, den Sarg unter Gesang der Schüler und dem Läuten der Glocken in die Kirche zu tragen. Pastor Clausen hielt hier eine kurze Ansprache über das Bibelwort: Das Gedächtniß des Gerechten bleibt im Segen. Nach dem Willen Voght's sollte sein getreuer Helfer Staudinger dasjenige, was der Verstorbene für Flottbek gethan hatte, am Grabe vor-tragen. Weil aber die Witterung rauh war, und unter den aus Hamburg gekommenen Freunden des Verewigten sich viele alte, schwache Personen befanden, erfüllte Stau-dinger seine Aufgabe in der Kirche, was der Pastor ausnahmsweise gestattete. Hier-über schrieb nachher der Propst Dose in Hamburg ganz empört an seinen Amtsbruder Adler in Rellingen, der darauf eine förmliche Untersuchung beantragte. Der Brief Dose's schließt mit den Worten: „Auf dem Kirchhofe mögen die Profanen schwatzen, in der Kirche wollen wir sie nicht haben!" Clausen verantwortete sich indes höchst würdig, und die Kirchenbehörde ließ die Sache auf sich beruhen.

Was von Caspar Voght sterblich war, ruht auf dem Kirchhofe zu Nienstedten, unsterblich aber wird das Andenken an den weisen, gütigen Mann und sein Wirken unter der Bevölkerung unserer Landschaft fortleben.

Aus einem Briefe des Baron Voght an Senator Jenisch. Flottbek, den 25. Aug. 1828. — — Was Sie aus Flottbek machen, und wie Sie es einrichten und ge-nießen wollen, wird nun bald ein Gegenstand Ihres Nachdenkens werden müssen. — —

Daß Sie Flottbeks Schönheit kannten und verstanden, Geschmack daran fanden und ganz den Werth fühlen konnten, den die höhere Kultur ihm auch als Schönheit giebt, daß Sie daher auch mehr wie irgend ein lebender Mensch dazu geeignet waren, in beyder Hinsicht Flottbeks Werth zu erhöhen und Freude an dem Werk Ihrer Hände zu haben, das ist, mein lieber, guter Freund, was vorzüglich den Wunsch in mir erregt hat, es in Ihre Hände zu übergeben. Daß Ihnen Dieses gelingen, Ihnen leicht werden möge, ist mein inniger Wunsch! Da Sie nun bald einige Dispositionen über diesen Ihren künftigen Wohnsitz treffen werden, so habe ich ein Stündchen meiner Muße dazu benutzen wollen, Ihnen einige Worte über den Sinn, in welchem ich bisher an der Verschönerung dieses lieblichen Erdenflecks gearbeitet habe, zu sagen.

Theils ist das Geschehene die Grundlage dessen, was werden soll, theils ist es wichtig, daß Ein Geist auch ferner sich im gantzen ausspreche. Sie werden dann schon sehen, wie das mit Ihren eigenen Gefühlen, Absichten und Ideen darüber stimmt.

Shenstone's Leasowes im Westen von England, die der Dichter selbst so schön beschrieben hat, gaben mir, nachdem ich den Ort gesehen hatte, den Ersten Gedanken zu der Ornamented farm, die der Character Flotbecks ist. Die schönen Bäume, die liebliche Abwechselung von Hügel und Thal, die mannigfaltigen Baumgruppen, die so verschiedenen Land= und Strom, An= und Aussichten suchte ich zu benutzen, um auf denen, durch die (mit solchem Fleiß bestellten) Felder geführten Wege, eine Reihe wechselnder, in ihrem Character von einander verschiedener Land=schaften dem Auge des Wandelnden der Reihe nach darzustellen — dabei alles Klein=liche sorgfältig zu vermeiden, die Hand der Kunst allenthalben zu verstecken, und nur große Massen zu bilden, die des Pinsels würdig wären.

Ich bin so eitel, zu glauben, daß mir dieses gelungen ist. Ich glaube sogar, daß mit Ausnahme der Wachsbleiche und des Elbgartens (eine Skizze, die einer höheren Ausbildung fähig ist) alles seine Vollkommenheit erreicht hat.

Dieser Character der Ornamented farm, den ich deutlicher noch in der Anlage selbst ausgesprochen, als hier angegeben habe — dieser, denke ich, muß beybehalten werden, wenn das Vorzüglichste nicht verlohren gehen soll — wenn Flotbeck nicht das Individuelle verlieren soll, das es von allen ähnlichen großen Anlagen unterscheidet und es auf dem Continent bisher Einzig gemacht hat.

Sie haben gerade für diese Schönheiten viel Sinn, mein lieber Jenisch, und dieser hat Sie auch, dünkt mich, richtig in der Wahl Ihres künftigen Hausplatzes geleitet.

Die Aufgabe ist, „eine Stelle zu finden, wo die nähere Umgebung eines herr=schaftlichen Wohnhauses alle den höheren Luxus gestattet, den die Bestimmung erfordert, ohne dem Park selbst seinen Character zu nehmen und dem Bewohner des Hauses den Genuß, der aus der Ansicht reicher Felder, grüner Weiden, wohlgenährter Heerden und ländlicher Thätigkeit entsteht." Alles dieses wird erreicht, wenn das Haus in der, bisher von Ihnen bezeichneten Lage erbaut wird, und eine gewisse Umgebung

nach Süden zu durch eine „sunk fence", nach allen andern Seiten durch ein leichtes
weißes Geländer vom Park getrennt wird. Binnen dieser Umgebung mag Alles,
architectonische Dekoration, Eingangs-Pforten, Porter's lodges, Sitze jeder Art, im
höchsten Styl seyn, und um so besser, je deutlicher und bestimmter Alles gegen
die äußere ländliche Umgebung absticht. Die Schönheit gewinnt, wenn man
es auch nicht in Anschlag bringen wollte, daß viele tausend Thaler dadurch erspart
werden, daß man dem Gantzen nicht die prunkhafte Umzäunung, kostbare Brücken,
Säulen, Sitze, Tempel und Dekorationen zu geben braucht, die Baur's Garten z. B.
mehr entstellen als zieren.

Aber auch abgesehen davon, neige ich mich zu der Meynung, daß der von
Ihnen angedeutete Platz der geeigneteste sey,

1. weil das Haus da mitten auf der großen Länge des Parks von Norden nach
   Süden liegt, die gantze Strecke beherrscht, und wenn das **Rez-de-chaussée** hin-
   länglich erhöht wird, nach allen Seiten das imponirende Ansehen haben wird,
   welches dem herrschaftlichen Hause gebührt;

2. weil es die trockenste Stelle des Parks ist, und sich dennoch auf einer geringen
   Tiefe allda schon Wasser gefunden hat, und dieses zu einer Zeit, wo es den
   mehresten Brunnen an Wasser mangelte;

3. weil das Haus hier den Ställen, dem Küchengarten und unserm Hause am
   nächsten liegt, (zu welchem sehr leicht noch eine gar angenehme Communikation
   eingerichtet werden könnte) und so in der Nähe des Dorfes, daß es alles
   Unangenehme eines zu isolirten Hauses verliert.

4. weil sich die Bluhmenparthien ganz ungezwungen an beyden Seiten des Hauses
   anlegen lassen, ohne dem Gantzen auf irgend eine Weise zu schaden; wobei sich
   manche erhöhete Sitzen zur Aussicht auf die Elbe anbringen lassen.

Dieses sind die Gründe der Convenienz; was die Schönheit der Lage
betrifft, so scheint es mir, daß eine größere Nähe der Elbe nicht einmal wünschens-
würdig wäre; wenn das Haus 3 bis 10 Stufen erhöhet wird (wozu ich des gran-
diosen Ansehens willen, ohne hin rathe), so wird selbst von dem Rez-de-chaussée
jedes Schiff gesehen werden, welches vorbey segelt. Die Elbe macht in der Landschaft, so wie sie aus dem Hause aus gesehen werden wird, einen malerischen Mittel-
grund nach dem schönen Vordergrunde, und die blauen Hügel bilden, gerade von
dieser Höhe gesehn, einen schönen Hintergrund. Man sieht genug vom Strom, um
den Wunsch zu erregen, ihn näher zu sehn, der dann durch die vielen Sitze an den
schönsten Stellen reichlich erfüllt wird. Dieses wird für alle Ihre Besucher den Zweck
eines Spaziergangs machen, zu dem man nicht gereizt wird wenn man alles
auf Einmahl sieht. Stände das Haus weiter nach vorne zu, so frage ich Sie,
wer würde gereizt werden, den nördlichen Theil des Parks zu besuchen und der Elbe
den Rücken zuzukehren?

Endlich wird durch diese Lage ein ästhetischer Zweck erreicht, der sehr wichtig ist und ganz zu dem Geiste paßt, der in dem Gantzen vorherrscht. Wenn der Bowling-green vor dem Hause nach Süden zu unmerklich, durch eine sunk fence von dem Park getrennt wird, so wird dennoch der schöne mahlerische Vordergrund ganz dazu zu gehören scheinen und durch die reiche Pracht das Auge erfreuen, sowie durch Pferde, Menschen und Ochsen Arbeit mahlerisch staffiert werden; wenn die Wachsbleiche von den übeln Gebäuden gesäubert ist, wird dieser große, grüne Platz, von hohen Bäumen rings umgeben, eine reiche Weide abgeben, die eingeschlossen von einem leichten weißen Geländer und mit einigen schönen Kühen und Schaafen besetzt, einen sinnvollen Kontrast bilden wird mit dem Ackerbau der andern Seite und den Geist aussprechen wird, der das Gantze belebt.

Dabey ist auch zu berücksichtigen, daß Beydes fast ohne alle Kosten geschehen kann und doch wiederum ein paar große Parthien macht, die Niemand sonst sich, wo es auch sey, so verschaffen kann; ferner steht dann gleich alles in seiner Vollkommenheit da, es bedarf keiner neuen Anlagen, die immer viele Jahre lang kümmerlich aussehn und das große Gantze verkleinlichen würden. Es versteht sich von selbst, daß alsdann (wenn die Häuser weg sind) die Anpflanzung, die interimistisch nur dazu dienen sollte, die Häuser zu verstecken, zur richtigen Um=pflanzung des Platzes vor den großen Bäumen gebraucht werde und durch die doppelte Verpflanzung um so sicherer fortkommen wird.

Im Jahr 29, wird die Südseite im Klee stehen, für das Jahr 30 können Sie, lieber Jenisch, die Cultur wählen, deren Ansehn Ihrem Geschmack am mehrsten zusagt; der Reihe nach wären es in meiner Rotation Anno 30: Kartoffeln, a. 31: Meng=futter, a. 32: Rapsaat. Ich liefere Ihnen durch ganz Kleinen Flotbeck ca. 200 Tonnen eines Bodens, der eine reiche, 15 Zoll tiefe Krume hat und der Alles tragen kann. Gegen diese Zeit kann ich alles sehr vereinfacht haben, Ihnen eine Rotation angeben, in der Alles, bis auf das größte Detail, was Kultur, Erndte, Verkauf oder Verwendung betrifft, auf das Genaueste vorgeschrieben ist, und Leute, die seit vielen Jahren so eingelernt sind, daß alles wie von selbst geht, brave tüchtige Menschen, auf welche Sie sich ganz verlassen können. An Aufsicht auf Geschäfte sind Sie gewöhnt, und die Uebersicht wird Ihnen wenige Stunden in der Woche weg=nehmen, deren Verwendung Ihnen sogar lieb werden wird; sie wird Ihnen Unter=haltung und sogar Unterricht gewähren, den Sie nach einem großen Maaßstab oft auf ihre Güter werden anwenden können.

So, lieber Jenisch, denke ich mir Ihre Zukunft und freue mich darauf, sie mit Ihnen zu theilen, zugleich durch die große Routine, die ich durch die Länge der Zeit erlangt habe, Ihnen alles erleichtern zu können, so wie denn alles hier Gesagte reichen Stoff zu unsern Unterhaltungen abgeben kann, wenn nach und nach ich Ihnen mein Ackerbau=System immer mehr und mehr praktisch entwickeln kann.

Schlußwort. Die Landschaft, deren Geschichte ich geschildert habe, hat sich ihrer Natur gemäß entwickelt: Ackerbau, Fischerei, Seeschifffahrt, Gartenbau — Alles dies ist aus der Natur hervorgegangen, stand und steht noch mit ihr im Einklange. Erst in neuester Zeit scheint es, als ob diese naturgemäße Entwickelung einer anderen zu weichen scheint, eine Erscheinung, die zu recht ernsthaften Betrachtungen Anlaß giebt.

Woher kam es denn, daß Blankenese mit seinen Sanddünen schon so frühzeitig Tausende von Menschen ernährte, während in der weit fruchtbareren Umgegend kaum etliche Hunderte zu existiren vermochten? Offenbar war es die Thatkraft des Menschen, der dasjenige, was ihm die karge Natur am Lande verweigerte, auf dem Meere suchte, zuerst als Fischer, dann als Schiffer. Beides gehörte zur natürlichen Entwickelung der Landschaft; diese war eben derart beschaffen, daß sie so muthige unternehmende Männer hervorbrachte, die ihren Unterhalt auf dem angrenzenden Strome, auf dem nahen Meere suchten und fanden.

Was sehen wir aber in der Gegenwart? Sowohl die Fischerei wie die Schifffahrt Blankenese's ist im Aussterben begriffen. Und warum? Keineswegs allein, weil der Dampf das Segel als bewegende Kraft verdrängte, sondern zum Theil auch deshalb, weil der Unternehmungsgeist erlahmte, als die Noth nachließ, als das Zuströmen von Fremden der Bevölkerung ein bequemes, wenn auch unselbständiges Dasein am Lande ermöglichte, zum andern Theile deshalb, weil die Ermuthigung zu neuen eigenen Unternehmungen ausblieb, worauf jede Bevölkerung in so kritischer Zeit hofft und hoffen muß, weil die Regierung es unterlassen hat, den Unternehmungsgeist bei Zeiten zu stützen, ihm die Anpassung an neue Formen der Unternehmung zu erleichtern. Warum blüht in Ostende und Scarborough die Fischerei trotz aller Verführung eines glänzenden Fremdenlebens, während Fischerei und Seeschifffahrt in Blankenese, in Helgoland, in Sylt immer mehr verschwinden?

Die Blankeneser Fischerei bedarf jetzt vor Allem eines Hafens, den die dortigen Fischer bereits seit langer Zeit vergeblich erbitten. Schon 1763 beabsichtigten einige Altonaer Kaufleute, in Blankenese einen Hafen anzulegen. Seitdem ist der offene Strand, auf dem die Blankeneser Ewer im Winter liegen müssen, immer schmaler und schutzloser geworden; jetzt bedarf es schon erheblicher staatlicher Aufwendungen, um die Blankeneser Fischerei wieder zu heben; aber noch ist es Zeit; in der nächsten Generation wird es schon zu spät sein.

Und daneben drängt sich uns noch eine andere Erwägung von gleich ernster Art auf, die wir beim Abschiede nicht zu unterdrücken vermögen: Neben Fischerei und Schifffahrt ist es vor allem die herrliche Lage, die Schönheit unserer Landschaft, der sie ihre Blüthe zu danken hat. Geschieht Alles, um ihr dieses köstliche Geschenk der Natur zu bewahren, das viele Generationen gehegt und gepflegt, entwickelt und gesteigert haben? Leider müssen wir jetzt das Gegentheil vor Augen sehen. Der eigenartige Reiz Blankeneses wird immer mehr durch das Bauen hoher Häuserklötze gefährdet.

Ein werther Freund, der hervorragend berufen ist, in solchen Fragen ein Urtheil abzugeben, Herr Professor Lichtwark in Hamburg, schreibt mir hierüber das Folgende:

„Von allen Orten an der Unterelbe zeichnete sich Blankenese durch eine sehr mannichfaltige und originelle einheimische Architectur aus. Ihr Hauptreiz lag in der Farbe; sie war in dieser Beziehung einfach mustergiltig und hätte den Ausgangspunkt für eine neue ländliche Architectur der ganzen Umgegend, namentlich auch Hamburgs abgeben können. Rothe Dächer, grüne Läden und Thüren, weißgestrichene Fensterrahmen und Thür-Oberlichter bildeten den einen Typus. Waren bei Strohdächern die Wände geweißt, so strich man Läden, Fenster und Thüren ochsenbluthroth oder grünblau. In allen Fällen waren Haus und Garten eine malerische Einheit von hohem Reiz. Cement und die Ornamente und Säulen, zu denen dieses Material eine geschmacklose Zeit verleitet, fehlten ganz. Dafür waren die Fenster von jedem Zwange frei und konnten nach dem Lichtbedürfniß des Raumes, den sie erleuchten sollten, behandelt werden. Ich habe in der ganzen Umgegend von Hamburg keine so interessanten und vorbildlichen Fensterlösungen gefunden wie in Blankenese.“

„Was von Architekten und Maurermeistern an die Stelle gesetzt worden ist und noch gesetzt wird, hat den gediegenen Charakter des Ortes schon theilweise zerstört. Es ist alles nichts weiter als schwächliche, geschmacklose Nachahmung schlechter Hamburger und Berliner Vorbilder.“

„Daß der weiteren Verwüstung des Charakters von Blankenese Einhalt geschieht, ist nicht blos eine Frage des Geschmacks, sondern auch der Wohlfahrt. Je origineller im Sinne des alten Blankenese's der Ort bleibt, desto größer wird seine Anziehungskraft sein.“

„Soll hier Wandel geschaffen werden, so bedarf es einer, die altheimische Bauweise liebevoll pflegende Bauordnung, die nicht nur für Blankenese, sondern weit darüber hinaus segensreich wirken würde.“

„Niemand wird aus Sentimentalität das Alte erhalten wollen, weil es alt ist; aber wenn das einzelne alte Haus fallen muß, so gilt es dafür das Wesen der alten Bauweise zu erhalten, die über alle Mittel verfügt, um die einfachsten, wie die höchsten Anforderungen zu befriedigen.“

Wer die Vergangenheit nicht nutzt, der ist der Zukunft nicht werth! Möchten diese Bilder aus der Väter Zeit den Sinn für die Erhaltung ihres geistigen Erbes, das sie unter schweren Mühen errungen haben, bei den Nachkommen stärken und beleben.

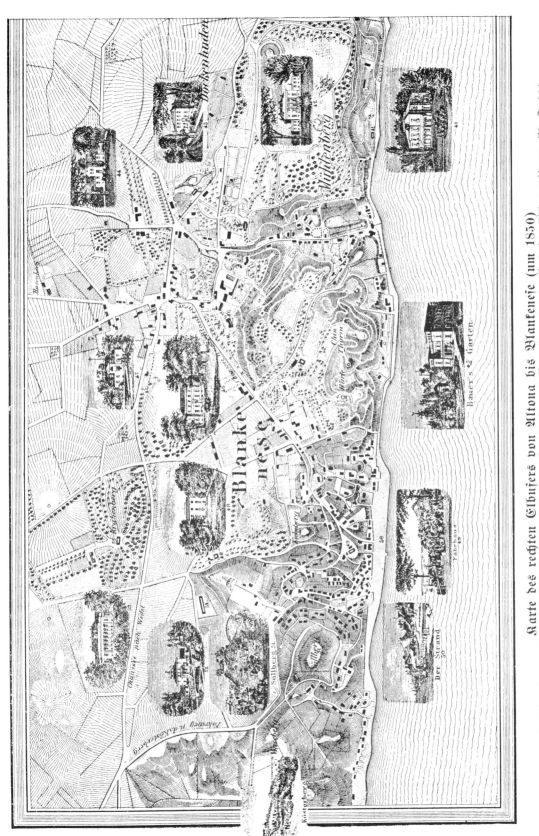

Karte des rechten Elbufers von Altona bis Blankenese (um 1850)

nebst Ansichten der an ihm befindlichen Gärten und Anlagen, Landhäuser und Vergnügungsorte. (Nach einer Lithographie von Chr. Fuchs.)

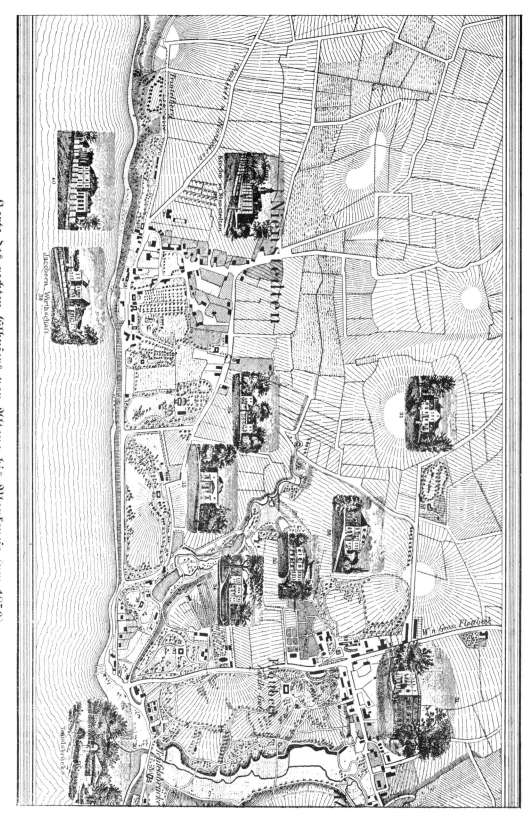

Karte des rechten Elbufers von Altona bis Blankenese (um 1850)
nebst Ansichten der an ihm befindlichen Gärten und Anlagen, Landhäuser und Vergnügungsorte. (Nach einer Lithographie von Chs. Fuchs).

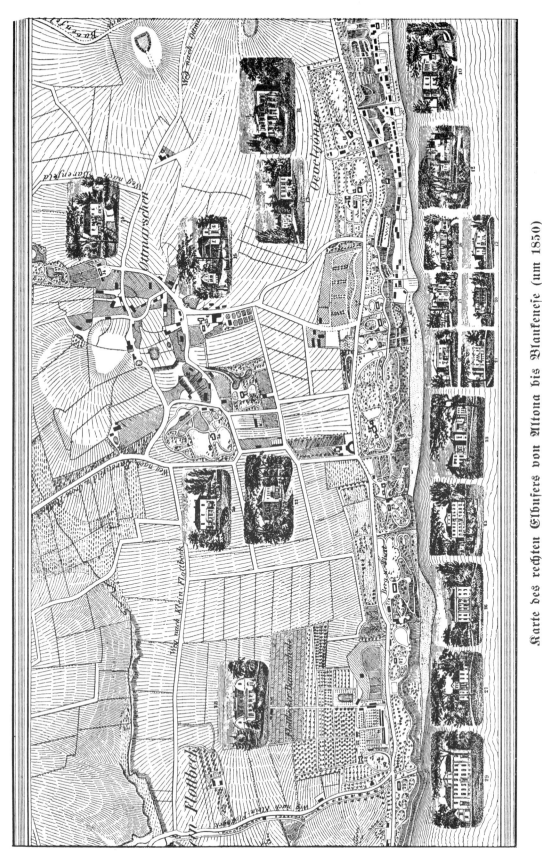

Karte des rechten Elbufers von Altona bis Blankenese (um 1850)

nebst Ansichten der an ihm befindlichen Gärten und Anlagen, Landhäuser und Vergnügungsorte. (Nach einer Lithographie von Chr. Fuchs.)

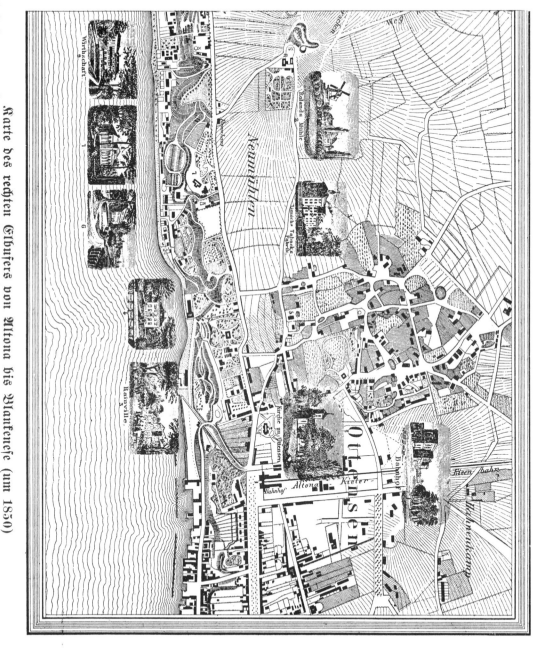

Karte des rechten Elbufers von Altona bis Blankenese (um 1850)
nebst Ansichten der an ihm befindlichen Gärten und Anlagen, Landhäuser und Vergnügungsorte. (Nach einer Lithographie von Ch. Fuchs.)

Nachträge und Druckfehler.

Zu Seite 16. Auf Lorichs Elbkarte von 1568 ist die Nienstedtener Kirche schon ein Stück vom Ufer abliegend dargestellt. Wenn man an keinen Irrthum glauben will, so bleibt nur die Annahme übrig, daß die Kirche wirklich damals schon auf der Elbhöhe lag, aber in so gefährlicher Nähe des Abhangs, daß die Unterspülung des Ufers ihre Vernichtung zur Folge hatte.

Zu Seite 62. Zeile 10 von oben muß es heißen: „landschaftliche" statt „landwirthschaftliche."

Zu Seite 75. Zeile 6 von oben muß es heißen: „von Cornelius de Voß" statt „Cornelius von de Voß".

Seite 92 letzte Zeile muß es heißen Nr. 46 statt Nr. 49.

Zu Seite 108. Eine Beschreibung des Landgutes „The Leasowes" von William Shenstone befindet sich in dessen Works (1768) II 287 ff. Es lag (und liegt vielleicht noch) bei Hales Owen in der Grafschaft Shropshire.

Quellen und Litteratur.

I. Ungedrucktes. Acten der Staatsarchive zu Schleswig und Hamburg, der älteren Pinneberger Behörden (zum Theil jetzt im Historischen Archive der Stadt Altona), der Gemeinde Blankenese, des dortigen Schiffs-Versicherungs-Vereins, der Blankeneser Fischerkasse, der Lootsen-Brüderschaft u. s. w., der Kirche zu Nienstedten, der Familien Jenisch und Godeffroy; die Erdbücher und Flurkarten der Gemarkungen Blankenese, Dockenhuden, Nienstedten, Klein Flottbek ꝛc.

II. Gedrucktes. Bilder aus vergangener Zeit. Hamburg. 1884. — von Boguslawski, das Leben des Generals Dumouriez, Berlin. 1879. — J. A. Bolten, Historische Kirchennachrichten von der Stadt Altona, von der Herrschaft Pinneberg u. s. w. Bd. II. 1791. — Brinkmann, Auszüge aus dem Gutsregister von Haseldorf vom Jahre 1495—1501; der Ochsenmarkt in Wedel und das Gericht der Ochsenhändler vor dem Roland daselbst (Jahrbücher für die Landeskunde der Herzogthümer Schleswig, Holstein und Lauenburg Bd. I. IV. 1858. 1861.) — G. Dehio, Geschichte des Erzbisthum Hamburg-Bremen, Bd. I. II. 1877. — D. Detlefsen, Geschichte der holsteinischen Elbmarschen, Bd. I. II. 1891/92. — R. Ehrenberg, Altona unter Schauenburgischer Herrschaft. Heft I. II. u. V. 1891/92. — J. L. Ewald, Phantasien auf einer Reise durch Gegenden des Friedens. 1798. — J. Gottsche, die Sedimentärgeschiebe der Provinz Schleswig-Holstein. 1883. — Gutbronn, Erinnerungen aus Hamburg, Leipzig. 1803. — H. Haas, Die geologische Bodenbeschaffenheit Schleswig-Holsteins. 1889. — G. Hanssen, Agrarhistorische Abhandlungen. 1880. — M. C. Köhnke, Erinnerungen aus meinem Leben, Ottensen. 1839. — J. M. Lappenberg, Die Elbkarte des Melchior Lorichs, Hamburg. 1847; Hamburger Chroniken in niedersächsischer Sprache. 1861. — Lindenschmit, Handbuch der deutschen Alterthumskunde, Bd. I. 1880. — J. Mestorf, Urnenfriedhöfe in Schleswig-Holstein. 1886; Zur Geschichte der Besiedelung des rechten Elbufers (Zeitschrift der Gesellschaft für Schleswig-Holstein-Lauenburgische Geschichte Bd. XVII). 1887. — G. Meyer, Lehrbuch der schönen Gartenkunst, Berlin 1860. — (Minder), Briefe über Hamburg, Leipzig. 1794. — Chr. Nehls und J. F. Bubendey, Die Elbe, Hamburgs Lebensader. 1892. — Nevermann, Neuer Almanach aller um Hamburg liegenden Gärten, Hamburg. 1792 ff. — Joh. Georg Rist's Lebenserinnerungen, herausgegeben von G. Poel. 1880. — Schleswig-Holstein-Lauenburgische Regesten und Urkunden, herausgegeben von P. Hasse, Bd. I—III. 1886/90. — Schleswig-Holsteinische Provinzialberichte. Jahrgänge 1792, 1797, 1798, 1813, 1816, 1817, 1820, 1826. — L. A. G. S. (Schrader) Beschreibung des Fischerdorfs Blankenese (Schleswig-Holsteinische Provinzialberichte. 1787 p. 529 ff.). — Schröder u. Béringuiér, Die Rolande Deutschlands. 1890. — J. v. Schröder, Topographie des Herzogthums Holstein, Oldenburg 1841. — H. Schumacher, Johann Heinrich von Thünen, Rostock. 1868. — Sejdelin, Diplomatorium Flensborgense, Bd. II. 1873. — L. A. Staudinger, Sein Leben und Wirken, Hamburg. 1845. — St. (Staudinger), Kurze Skizze über des verewigten Freiherrn von Voght zu Flottbeck gemeinnütziges Wirken (Hamburger Nachrichten 1839 Nr. 102/104). — Adam Tratziger, Chronica der Stadt Hamburg, herausgegeben v. J. M. Lappenberg. 1865. — J. F. Voigt, Geschichtliches über die Gärten um Hamburg, Hamburg. 1869. — F. Voigt, Ueber den ehemaligen Ochsenmarkt zu Wedel (Mittheilungen des Vereins für hamburgische Geschichte IX). 1887. — W. Volckens, Neumühlen und Oevelgönne, Altona. 1895. — G. Waitz, Schleswig-Holsteins Geschichte. 1851. — Heinr. v. Wedel, Geschichte des schloßgesessenen Geschlechtes der Grafen und Herren von Wedel 1212—1402. 1894.

Inhalts-Verzeichniß.

I. Aus Urzeit und Mittelalter.

II. Aus den letzten vier Jahrhunderten.

Verzeichniß der Bilder und Karten.

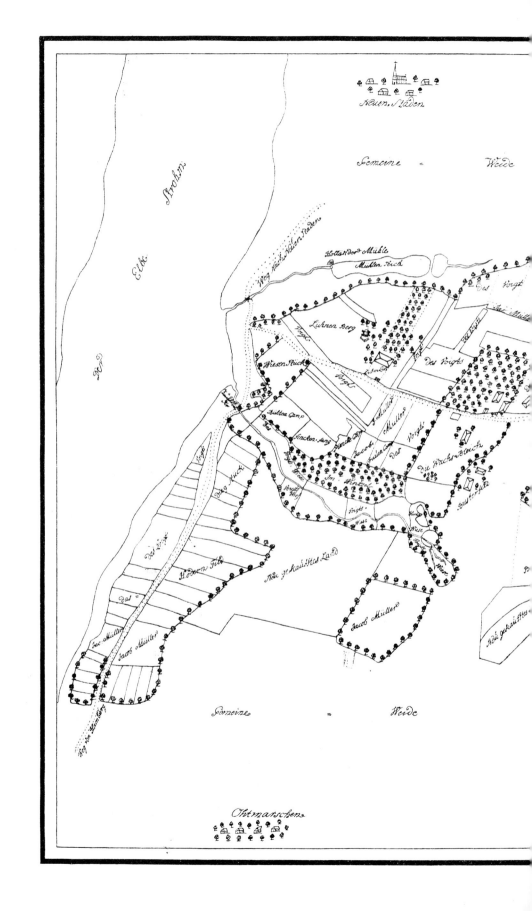

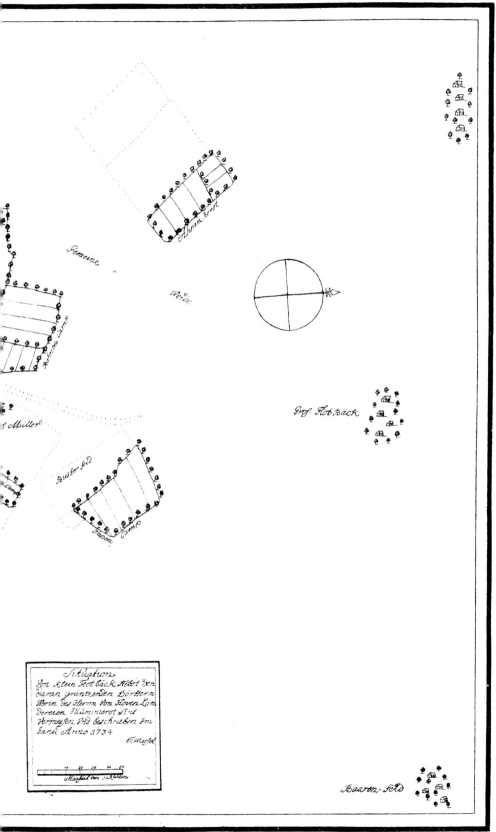

Situation
Von Klein Rot back Nebst den
daran grantzenden Dörfern
Worin des Herrn von Hoven Län-
dereien illuminiret sind
vermessen und beschrieben im
Juni Anno 1734
E. Westel

Otto Meissners Verlag, Hamburg, 1897

Nahmen der Eingewesenen
1. Herr Voigt
1ᵃ. Thomas von Floven
2. Herr Voigt
3. ½ Hinrich Moller
4. ¼ Joh. Biesterfeld
5. ⅙ Jochim Hein
6. Peter Biesterfeld
7. Jochim Ritscher
8. Hinrich Nagel
9. Hein von Ehren
10. Hinrich vor Asper
11. Christian Hein, Peter Cr.
12. Hinr. Timmermann
13. Haus Bornholdt
14. Harm von Ehren
15. Jochim Breitwoldt
16. Vieth Meesch
17. Abraham Popmann
18. Anton Hinrich Eschez

Carte
von dem
in der Herrschaft Pinneberg
und zwar im Kirchspiel Nienstedten
belegenen Dorfe
Kleinen Flottbeck
und den dazu gehörigen Lände-
reyen vor der Zeit nach der im
Jahr 1789 durch den beeydig-
ten Landmesser Lindelof ge-
schehenen regulirung
unter Direction von
FC Bruhn
Major Oberland Inspec-
tor und Oberland=Mes,
ser

Maaßstab von 200

eck mit beiden Ufern.
hre 1568 auf ¼ Größe verkleinert.

DRUCK v J. KÖHLER, HAMBURG, ALTE BÖRSE 6.